BOŽIA MOC

*„Od vekov nebolo počuť,
že by bol niekto
otvoril oči slepému od narodenia.
Keby on nebol od Boha,
nemohol by nič také urobiť."*
(Jn 9, 32 – 33)

BOŽIA MOC

Dr. Jaerock Lee

Božia moc Dr. Jaerock Lee
Vydavateľstvo Urim Books (Prezident: Johnny. H. Kim)
235-3, Guro-dong 3, Guro-gu, Seoul, Korea
www.urimbooks.com

Všetky práva vyhradené. Táto kniha alebo jej časti nesmú byť reprodukované v žiadnej podobe, uložené vo vyhľadávacom systéme alebo prenášané v akejkoľvek forme alebo akýmikoľvek prostriedkami, elektronicky, mechanicky, fotokópiami, záznamom alebo inak bez predchádzajúceho písomného súhlasu vydavateľa.

Ak nie je uvedené inak, všetky citácie Svätého Písma sú prevzaté z Biblie, NEW AMERICAN STANDARD BIBLE, ®, Copyright © 1960, 1962, 1963, 1968, 1971, 1972, 1973, 1975, 1977, 1995 by The Lockman Foundation. Použité so súhlasom.

Copyright © 2009 by Dr. Jaerock Lee
ISBN: 979-11-263-1196-5 03230
Translation copyright © 2005 by Dr. Esther K. Chung. Použité so súhlasom.

V kórejskom jazyku vydané vydavateľstvom Urim Books v roku 2004

Prvé vydanie September 2005
Druhé vydanie August 2009

Editoval Dr. Geumsun Vin
Navrhol Editorial Bureau of Urim Books
Preložila © Ing. Lenka Mihaľková
For more information contact at urimbook@hotmail.com

Predslov

Modlím sa, aby mocou Boha Stvoriteľa a skrze evanjelium Ježiša Krista všetci ľudia zažili ohnivé diela Ducha Svätého ...

Všetku vďaku vzdávam Bohu Otcovi, ktorý nám požehnal jednodielne vydanie všetkých posolstiev z jedenásteho dvojtýždňového mimoriadneho duchovného stretnutia usporiadaného v máji 2003 - na tému „Moc" - kedy mnoho svedectiev úžasne oslávili Boha.

Od roku 1993, onedlho po desiatom výročí založenia Manminskej centrálnej cirkvi, prostredníctvom každoročného dvojtýždňového mimoriadneho duchovného stretnutia Boh začal kultivovať jej členov, aby získali pravú vieru a stali sa duchovnými ľuďmi.

Na duchovnom stretnutí v roku 1999 s témou „Boh je láska", Boh dovolil skúšky požehnania na členov Manminu, aby si začali uvedomovať význam pravého evanjelia, s láskou splnili zákon a podobali sa nášmu Pánovi, ktorý uskutočňoval obdivuhodnú moc.

Na úsvite nového tisícročia v roku 2000, aby všetci ľudia na celom svete zažili moc Boha Stvoriteľa, evanjelium Ježiša Krista a ohnivé diela Ducha Svätého, nám Boh požehnal živé vysielanie duchovného stretnutia cez satelit Moogoonghwa a cez internet. V roku 2003 sa duchovného stretnutia zúčastnili diváci z približne 300 kostolov v Kórei a v pätnástich krajinách.

Kniha Božia moc ponúka proces, vďaka ktorému sa človek stretne s Bohom a dostane Jeho moc, rôzne úrovne moci a najvyššiu moc stvorenia, ktorá presahuje rámec prípustný pre ľudské bytosti, a tiež miesta, kde sa Jeho moc prejavuje.

Moc Boha Stvoriteľa zostúpi na človeka do tej miery, do akej sa podobá Bohu, ktorý je svetlo. Navyše, keď sa s Bohom stane jedným duchom, bude schopný uskutočňovať druh takej moci ako Ježiš. To je preto, lebo v Jn 15, 7 nám Pán hovorí: „Ak ostanete vo mne a moje slová ostanú vo vás, proste, o čo chcete, a splní sa vám to."

Pretože som osobne zažil radosť a šťastie z oslobodenia od sedemročného utrpenia a chorôb, aby som sa stal služobníkom moci, ktorý sa podobá Pánovi, mnohokrát som sa mnoho dní postil a modlil. Ježiš nám v Mk 9, 23 hovorí: „Ak môžeš?! Všetko je možné tomu, kto verí." Aj ja som veril a modlil sa, pretože som sa pevne držal Ježišovho sľubu: „Veru, veru, hovorím vám: Aj ten, kto verí vo mňa, bude konať skutky, aké ja konám, ba bude konať ešte väčšie, lebo ja idem k Otcovi." (Jn 14, 12). Ako výsledok, prostredníctvom každoročných duchovných stretnutí Boh vykonal úžasné znamenia a zázraky a dal nám nespočetné množstvo uzdravení a odpovedí. Navyše, v priebehu druhého týždňa duchovného stretnutia v roku 2003 Boh zameral prejav jeho moci na tých, ktorí boli slepí, chromí, hluchí alebo nemí.

Aj keď lekárska veda pokročila a v pokroku ďalej napreduje, pre ľudí, ktorí prišli o zrak alebo sluch, je takmer nemožné, aby boli uzdravení. Ale všemohúci Boh dokázal Jeho moc, a preto, keď som sa z kazateľnice modlil, moc stvorenia obnovila odumreté nervy a bunky, a ľudia začali vidieť, počuť a rozprávať. Okrem toho, ohnuté kĺby sa narovnali, stuhnuté kosti sa uvoľnili, a tak ľudia mohli odhodiť barly, palice, invalidné vozíky a vstať, vyskočiť a chodiť.

Zázračné Božie dielo tiež presahuje čas a priestor. Ľudia, ktorí sa zúčastnili duchovného stretnutia vysielaného cez satelit a internet, tiež zažili Božiu moc a ich svedectvá dostávame dokonca aj dnes.

To je dôvod, prečo posolstvá z duchovného stretnutia v roku 2003 - na ktorom sa slovom pravdy znovuzrodilo nespočetné množstvo ľudí, získali nový život, spasenie, odpovede a uzdravenie, zažili Božiu moc a Boha úžasne chválili - boli vydané v jednodielnej knihe.

Osobitná vďaka patrí Geumsunovi Vinovi, riaditeľovi

redakcie a jej zamestnancom a prekladateľom za ich tvrdú prácu a obetavosť.

V mene nášho Pána sa modlím, aby každý z vás zažil moc Boha Stvoriteľa, evanjelium Ježiša Krista a ohnivé diela Ducha Svätého, a aby vaším životom pretekali radosť a šťastie!

Jaerock Lee

Úvod

Úžasná kniha, ktorá slúži ako základný sprievodca, ktorým je možné získať pravú vieru a zažiť obdivuhodnú Božiu moc.

Všetku vďaku a slávu vzdávam Bohu, ktorý nás viedol k jednodielnemu vydaniu všetkých posoltiev z „jedenásteho dvojtýždňového mimoriadneho duchovného stretnutia s Dr Jaerockom Leeom", ktoré sa konalo v máji 2003 uprostred veľkej a obdivuhodnej Božej moci.

Kniha Božia moc vás pohltí milosťou a naliehavosťou, pretože obsahuje deväť posolstiev z duchovného stretnutia, ktorého témou bola „Moc", rovnako ako aj svedectvami veľkého množstva ľudí, ktorí priamo zažili moc živého Boha a evanjelium Ježiša Krista.

Prvé posolstvo, „Veriť v Boha", opisuje identitu Boha, čo znamená v Neho veriť a spôsob, akým sa s Ním môžeme stretnúť a zažiť Ho.

Druhé posolstvo, „Veriť v Pána", vysvetľuje účel Ježišovho príchodu na zem, dôvod, prečo len Ježiš je náš Spasiteľ, a prečo získame spasenie a odpovede, keď v Pána Ježiša uveríme.

Tretie posolstvo, „Nádoba krajšia ako drahokam", upresňuje, čo znamená byť vzácnou, ušľachtilou a krásnou nádobou v Božích očiach, rovnako ako aj požehnania, ktoré takáto nádoba získava.

Štvrté posolstvo, „Svetlo", vysvetľuje duchovné svetlo, čo musíme urobiť, aby sme sa stretli s Bohom, ktorý je svetlo, a aké požehnania získame, keď chodíme vo svetle.

Piate posolstvo, „Moc svetla", opisuje štyri rôzne úrovne Božej moci, ktoré sú uskutočňované ľudskými bytosťami prostredníctvom rôznych farieb svetla, rovnako ako aj skutočné svedectvá o rôznych druhoch uzdravenia uskutočňovaných na každej úrovni. Navyše, je podrobne vysvetlená najvyššia moc stvorenia, neobmedzená Božia moc a spôsoby, akými môžeme získať moc svetla.

Na základe udalosti, kedy človek od narodenia slepý získal zrak po stretnutí s Ježišom a svedectiev množstva ľudí, ktorí získali zrak alebo ich slabý zrak bol uzdravený, vám šieste posolstvo, „Slepí vidia", pomôže uvedomiť si moc Boha Stvoriteľa.

V siedmom posolstve, „Ľudia sa postavia, vyskočia a budú chodiť", je podrobne preskúmaný príbeh ochrnutého človeka, ktorý pred Ježiša prišiel za pomoci jeho priateľov, vstal a chodil. Posolstvo tiež učí čitateľov o druhu skutkov viery, ktoré musia ponúknuť Bohu, aby takú moc zažili aj dnes.

Ôsme posolstvo, „Ľudia sa budú radovať, tancovať a spievať", opisuje príbeh hluchonemého človeka, ktorý bol uzdravený, keď predstúpil pred Ježiša, a tiež predstavuje spôsoby, ktorými môžeme zažiť takúto moc aj dnes.

Napokon v deviatom posolstve, „Verná Božia prozreteľnosť", sú jasne vysvetlené proroctvá o posledných dňoch a Božia prozreteľnosť pre Manminskú centrálnu cirkev - ktoré sú už viac ako dvadsať rokov od založenia Manminu odhaľované samotným Bohom.

V mene nášho Pána Ježiša Krista sa modlím, aby prostredníctvom tohto diela nespočetné množstvo ľudí získali pravú vieru, vždy zažívali moc Boha Stvoriteľa, stali sa nádobami Ducha Svätého a splnili Jeho prozreteľnosť!

Geumsun Vin
Riaditeľ redakcie

Obsah

Posolstvo č. 1

Veriť v Boha (Hebr 11, 3) · 1

Posolstvo č. 2

Veriť v Pána (Hebr 12, 1 - 2) · 25

Posolstvo č. 3

Nádoba krajšia ako drahokam

(2 Tim 2, 20 - 21) · 47

Posolstvo č. 4

Svetlo (1 Jn 1, 5) · 67

Posolstvo č. 5

Moc svetla (1 Jn 1, 5) · 85

Posolstvo č. 6

Slepí vidia (Jn 9, 32 - 33) · 117

Posolstvo č. 7

Ľudia sa postavia, vyskočia a budú chodiť

(Mk 2, 3 - 12) · 135

Posolstvo č. 8

Ľudia sa budú radovať, tancovať a spievať

(Mk 7, 31 - 37) · 157

Posolstvo č. 9

Verná Božia prozreteľnosť (Dt 26, 16 - 19) · 179

Posolstvo č.1
Veriť v Boha

Hebr 11, 3

*Vierou chápeme,
že Božie slovo stvárnilo svety tak,
že z neviditeľného povstalo viditeľné.*

Od prvého každoročného dvojtýždňového mimoriadneho duchovného stretnutia, ktoré sa konalo v máji 1993, nespočetné množstvo ľudí na vlastné oči zažíva neustále rastúcu moc a dielo Boha, ktorý uzdravuje modernou medicínou nevyliečiteľné choroby a rieši problémy vedou nevyriešiteľné. Za posledných sedemnásť rokov, ako je napísané v Mk 16, 20, Boh potvrdil Jeho slovo sprevádzajúcimi znameniami.

Prostredníctvom posolstiev hlbokej viery, spravodlivosti, tela a ducha, dobra a svetla, lásky, a podobne, Boh vedie veľké množstvo členov Manminu do hlbšej duchovnej oblasti. Navyše, prostredníctvom každého duchovného stretnutia nás Boh viedol k presvedčeniu sa o Jeho moci na vlastné oči, a tak sa duchovné stretnutie preslávilo po celom svete.

Ježiš nám v Mk 9, 23 hovorí: „Ak môžeš?! Všetko je možné tomu, kto verí." Preto, ak máme pravú vieru, nič nebude pre nás nemožné a dostaneme všetko, o čo prosíme.

V čo, teda, máme veriť, a ako tomu máme veriť? Ak Boha nepoznáme a správne v Neho neveríme, nebudeme schopní zažiť Jeho moc a bude ťažké získať od Neho odpovede. To je dôvod, prečo sú správne pochopenie a viera najdôležitejšie.

Kto je Boh?

Po prvé, Boh je autorom šesťdesiatich šiestich kníh v Biblii. 2 Tim 3, 16 nám pripomína: „Celé Písmo je Bohom vnuknuté." Biblia sa skladá zo šesťdesiatich šiestich kníh a bolo odhadnuté, že v priebehu 1 600 rokov ju napísalo tridsaťštyri ľudí. Napriek tomu, najúžasnejším aspektom každej knihy Biblie je to, že aj napriek skutočnosti, že boli počas mnohých storočí napísané mnohými ľuďmi, zhodujú sa od začiatku až do konca a je medzi nimi súvislosť. Inými slovami, Biblia je Božie slovo zaznamenané rôznymi ľuďmi inšpirovanými Duchom Svätým, ktorých On považoval za vhodných v danom období histórie, a cez ktorých On odhaľuje sám seba. To je dôvod, prečo tí, ktorí veria, že Biblia je Božie slovo a dodržiavajú ho, môžu zažiť požehnanie a milosti, ktoré Boh prisľúbil.

Ďalej, Boh je „Ja som, ktorý som" (Ex 3, 14). Na rozdiel od modiel vytvorených ľudskou predstavivosťou alebo vyrezaných ľudskými rukami, náš Boh je pravý Boh, ktorý existoval už od doby pred večnosťou a existuje až po večnosť. Boha môžeme taktiež opísať ako lásku (1 Jn 4, 16), svetlo (1 Jn 1, 5) a sudcu všetkého na konci vekov.

Ale predovšetkým si musíme uvedomiť, že Boh Jeho ohromujúcou mocou stvoril všetko na nebi a na zemi. On je ten všemohúci, ktorý vytrvalo uskutočňuje Jeho zázračnú moc od doby stvorenia až dodnes.

Stvoriteľ všetkého

V Gn 1, 1 nájdeme: „Na počiatku stvoril Boh nebo a zem." Hebr 11, 3 hovorí: „Vierou chápeme, že Božie slovo stvárnilo svety tak, že z neviditeľného povstalo viditeľné."

V prázdnote vesmíru bolo na začiatku vekov všetko stvorené Božou mocou. Boh Jeho mocou stvoril na oblohe slnko a mesiac, rastliny a stromy, vtáky a zvieratá, ryby v mori a ľudstvo.

Napriek tejto skutočnosti mnoho ľudí nedokáže uveriť v Boha Stvoriteľa, pretože koncept stvorenia je jednoducho v rozpore s poznaním či skúsenosťami, ktoré získali a mali na tomto svete. Napríklad, v mysli týchto ľudí je nemožné, aby na Boží príkaz boli všetky veci vo vesmíre stvorené z ničoho.

To je dôvod, prečo vznikla teórie evolúcie. Zástanci evolučnej teórie tvrdia, že živý organizmus vznikol náhodou, sám sa vyvinul a množil. Ak ľudia popierajú Božie stvorenie vesmíru takýmito znalosťami, nie sú schopní uveriť ani zvyšku Biblie. Nie sú schopní uveriť kázaniu o existencii neba a pekla, pretože tam nikdy neboli, a ani ohlasovaniu Božieho Syna, ktorý sa narodil ako človek, zomrel, vstal z mŕtvych a vystúpil do neba.

Avšak, s rozvojom vedy zisťujeme, že teória evolúcie je nepravdivá, zatiaľ čo legitimita stvorenia aj naďalej získava pôdu pod nohami. Aj keď nevytvoríme zoznam vedeckých dôkazov, existuje obrovské množstvo príkladov, ktoré svedčia o stvorení sveta.

Dôkazy, vďaka ktorým veríme, že Boh je Stvoriteľ

Tu je jeden taký príklad. Existuje viac ako 200 krajín a ešte viac rôznych etnických skupín a ľudí. Nezáleží na tom, či sú bieli, čierni alebo žltí, každý z nich má dve oči. Každý z nich má dve uši, jeden nos a dve nosné dierky. Toto sa nevzťahuje len na človeka, ale aj na zvieratá na zemi, vtáky na oblohe a ryby v mori. Len preto, že chobot slona je mimoriadne veľký a dlhý, neznamená to, že má viac ako dve nozdry. Každý jedinec z ľudských bytostí, zvierat, vtákov a rýb má jedny ústa a pozícia úst je totožná. Sú jemné rozdiely v umiestnení každého orgánu medzi rôznymi druhmi stvorení, ale z väčšej časti sú štruktúra a poloha orgánov rovnaké.

Ako by sa toto všetko mohlo stať „náhodou"? To je pevný dôkaz, že jeden Stvoriteľ navrhol a stvoril obrovské množstvo ľudí, zvierat, vtákov a rýb. Ak by existoval viac ako jeden stvoriteľ, vzhľad a stavba živých tvorov by sa líšili podľa počtu a preferencií stvoriteľov. Avšak, pretože náš Boh je jediný Stvoriteľ, všetky živé tvory boli stvorené podľa rovnakého návrhu.

Navyše, v prírode a vo vesmíre môžeme nájsť nespočetné množstvo ďalších dôkazov, z ktorých všetky nás dovedú k viere v to, že všetko stvoril Boh. Ako hovorí Rim 1, 20 : „Veď to, čo je v ňom neviditeľné - jeho večnú moc a božstvo - možno od stvorenia sveta rozumom poznávať zo stvorených vecí; takže nemajú výhovorky." Boh navrhol a stvoril všetko tak, aby nebolo možné poprieť a vyvrátiť pravdu o Jeho existencii.

V Hab 2, 18 – 19 nám Boh hovorí: „Čo pomôže socha, že ju urobil rezbár, liatina a lživý učiteľ, že jej dôveroval tvorca, čo ju spravil, keď robil nemých bôžikov? Beda tomu, kto vraví drevu: „Zobuď sa!", „Vstaň!" nemému kameňu; či to on počuje? Hľa, je obtiahnutý zlatom a striebrom, ale života nijakého v ňom niet." Ak niekto z vás uctieval modly alebo veril v ne predtým, ako spoznal Boha, musí konať dôkladné pokánie z hriechov roztrhnutím si srdca.

Biblické dôkazy, vďaka ktorým veríme, že Boh je Stvoriteľ

Ešte stále existuje veľa ľudí, ktorí nie sú schopní uveriť v Boha aj napriek nesmiernemu počtu dôkazov okolo nich. To je dôvod, prečo nám Boh prejavovaním Jeho moci dáva zjavné a nesporné dôkazy o Jeho existencii. Zázrakmi, ktoré človek nedokáže vykonať, Boh dovolil, aby ľudstvo uverilo v Jeho existenciu a Jeho obdivuhodné diela.

V Biblii je mnoho fascinujúcich prípadov, kedy sa prejavila Božia moc. Červené more bolo rozdelené, slnko sa zastavilo alebo sa vrátilo späť a bol zvrhnutý oheň z neba. Horká voda na púšti sa premenila na sladkú, pitnú vodu a zo skaly vytryskla voda. Mŕtvi ožili, choroby boli uzdravené a zdanlivo stratené boje boli vyhraté.

Keď ľudia uveria vo všemohúceho Boha a prosia Ho, môžu zažiť nepredstaviteľné diela Jeho moci. To je dôvod, prečo Boh v Biblii zaznamenal mnoho prípadov, v ktorých bola prejavená Jeho moc a žehná nás, aby sme uverili.

Ale diela Jeho moci neexistujú len v Biblii. Pretože Boh je nemenný, cez nespočetné znamenia, zázraky a diela Jeho moci On aj dnes prejavuje Jeho moc prostredníctvom pravých veriacich na celom svete podľa Jeho prisľúbenia. V Mk 9, 23 nás Ježiš uisťuje: „Ak môžeš?! Všetko je možné tomu, kto verí." V Mk 16, 17 – 18 nám náš Pán pripomína: „A tých, čo uveria, budú sprevádzať tieto znamenia: v mojom mene budú vyháňať zlých duchov, budú hovoriť novými jazykmi, hady budú brať do rúk a ak niečo smrtonosné vypijú, neuškodí im; na chorých budú vkladať ruky a tí ozdravejú."

Božia moc prejavená v Manminskej centrálnej cirkvi

V kostole Manminskej centrálnej cirkvi, kde som slúžil ako starší pastor, sa neustále uskutočňujú diela moci Boha Stvoriteľa, ktorý chce šíriť evanjelium do všetkých končín sveta. Od jeho založenia v roku 1982 až do dnešného dňa Manmin priviedol na cestu spásy mocou Boha Stvoriteľa nespočetné množstvo ľudí. Najvýznamnejším dielom Jeho

„Aká som bola vďačná,
že si ma zachránil...
Myslela som si,
že do konca života budem
odkázaná na barly...

Teraz chodím...
Otče, Otče, ďakujem Ti!"

Diakonka Johanna Reitz, ktorá mala byť pánom ochrnutá, po modlitbe odhadzuje barly a chodí.

moci je uzdravenie chorôb a ochorení. Je uzdravovaných mnoho ľudí s „nevyliečiteľnými" chorobami, vrátane rakoviny, tuberkulózy, ochrnutia, mozgovej obrny, prietrže, artritídy, leukémie, a podobne. Démoni boli vyhnaní, chromí vstali, chodili a behali, a tí, ktorí boli ochrnutí v dôsledku rôznych nehôd, boli uzdravení. Okrem toho, hneď po obdržaní modlitby boli ľudia, ktorí trpeli ťažkými popáleninami, uzdravení bez akýchkoľvek jaziev. Ďalší, ktorých telá boli meravé, a ktorí už stratili vedomie v dôsledku krvácania do mozgu alebo otravy plynom, boli vzkriesení a ihneď sa zotavili. A zase ďalší, ktorí už prestali dýchať, po obdržaní modlitby ožili.

Mnoho ďalších, ktorí neboli schopní splodiť dieťa ani po piatich, siedmich, desiatich, či dokonca dvadsiatich rokoch manželstva, po modlitbe získali požehnanie počatia. Nespočetné množstvo ľudí, ktorí neboli schopní počuť, vidieť a hovoriť, veľmi chválili Boha po obnovení týchto schopností skrze modlitbu.

Aj keď veda a medicína každým rokom a každým storočím napredujú obrými krokmi, mŕtve nervy nedokážu

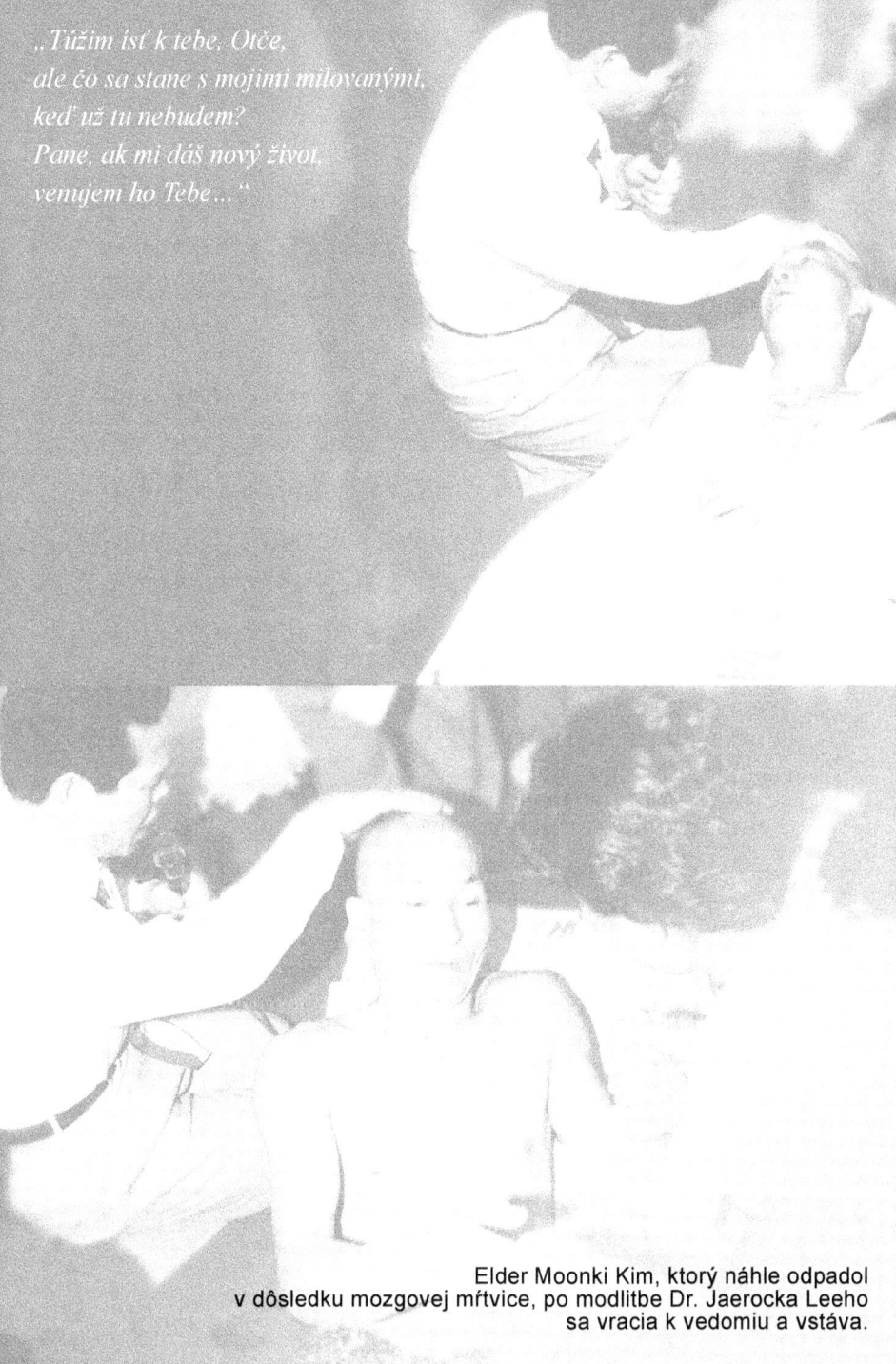

„Túžim ísť k tebe, Otče,
ale čo sa stane s mojimi milovanými,
keď už tu nebudem?
Pane, ak mi dáš nový život,
venujem ho Tebe..."

Elder Moonki Kim, ktorý náhle odpadol v dôsledku mozgovej mŕtvice, po modlitbe Dr. Jaerocka Leeho sa vracia k vedomiu a vstáva.

obnoviť a vrodenú slepotu či hluchotu nevedia uzdraviť. Avšak, všemohúci Boh je schopný urobiť čokoľvek, pretože On tvorí niečo z ničoho.

Ja sám som zažil moc všemohúceho Boha. Predtým, než som v Neho uveril, som bol sedem rokov na prahu smrti. Každá časť môjho tela okrem očí bola postihnutá chorobou, a preto som dostal prezývku „obchodný dom s chorobami". Márne som skúšal východnú a západnú medicínu, medicínu pre malomocných, všetky druhy bylín, žlčníky medveďov a psov, stonožky, a dokonca aj moč. Počas tých mučivých sedmich rokov som vynaložil všetko úsilie, ale nebol som uzdravený. Keď som na jar v roku 1974 prepadol veľkému zúfastvu, zažil som niečo neuveriteľné. Vtedy som sa stretol s Bohom a On ma uzdravil zo všetkých mojich chorôb a neduhov. Od tej chvíle ma Boh vždy ochránil, a preto som už nikdy nebol chorý. Aj keď som o niektorých častiach môjho tela pochyboval, po modlitbe s vierou som bol okamžite uzdravený.

Viem, že okrem mňa a mojej rodiny, mnohí členovia Manminu úprimne veria vo všemohúceho Boha, a preto sú vždy fyzicky zdraví a nespoliehajú sa na medicínu. Z vďačnosti k milosrdenstvu Boha Liečiteľa mnoho ľudí, ktorí boli uzdravení, teraz slúžia cirkvi ako lojálni služobníci Boha, starší, diakoni a diakonky a ďalší pracovníci.

Božia moc sa neobmedzuje iba na uzdravovanie chorôb a neduhov. Od založenia cirkvi v roku 1982 bolo veľa členov Manminu svedkami nespočetného množstva prípadov, kedy modlitba s vierou v Božiu moc ovládala počasie, napríklad, zastavenie prudkého dažďa, zatienenie členov Manminu oblakmi v spaľujúci slnečný deň, zastavenie tajfúnov alebo zmena ich smeru. Každoročne v júli a auguste sa v celej cirkvi konajú letné duchovné cvičenia. Aj keď zvyšok Južnej Kórey trpí škodami spôsobenými tajfúnmi a záplavami, miesta a časti krajiny, kde sa konajú tieto cvičenia, zostávajú prudkými dažďami a inými prírodnými katastrofami často nedotknuté. Veľa členov Manminu tiež pravidelne vidia dúhy, a to aj v dňoch, kedy vôbec nepršalo.

K dispozícii je však oveľa ohromujúci aspekt Božej moci. Dielo Jeho moci sa prejavuje, aj keď sa za chorých ľudí modlím nepriamo. Obrovské množstvo ľudí veľmi chvália Boha po obdržaní uzdravenia a požehnania prostredníctvom „Modlitby za chorých" z kazateľnice za celé zhromaždenie, a tiež „modlitby" zaznamenanej na magnetofónových páskach, pomocou internetového vysielania a nahratých telefónnych správ na odkazovači.

Navyše, v Sk 19, 11 - 12 nájdeme: „A Boh robil Pavlovými rukami neobyčajné divy, takže aj na chorých donášali šatky a zástery, ktoré sa dotkli jeho tela, a neduhy ich opúšťali a zlí duchovia vychádzali." Aj cez šatky, nad ktorými sa modlím, sa uskutočňuje dielo obdivuhodnej Božej moci.

Taktiež, keď položím ruky na fotky chorých a modlím sa, po celom svete dochádza k uzdraveniam, ktoré presahujú čas a priestor. To je dôvod, prečo sú na mojich zahraničných výpravách všetky druhy chorôb a neduhov, vrátane smrteľného AIDS, uzdravované v jedinom okamihu Božou mocou, ktorá presahuje čas a priestor.

Zažiť Božiu moc

Znamená to, že každý, kto verí v Boha, môže zažiť ohromujúce dielo Jeho moci a získať odpovede a požehnania? Mnoho ľudí vyznáva vieru v Boha, ale nie všetci z nich zažijú Jeho moc. Jeho moc môžete zažiť len vtedy, keď je vaša viera v Boha prejavená v skutkoch a On uzná: „Ja viem, že vo mňa veríš."

Boh bude za „vieru" považovať samotnú skutočnosť, že niekto počúva kázanie a zúčastňuje sa bohoslužieb. Avšak, aby ste mali pravú vieru, ktorou môžete získať uzdravenie a odpovede, musíte počúvať o Bohu a vedieť, kto je Boh, prečo je Ježiš náš Spasiteľ a musíte vedieť, že existuje nebo a peklo. Keď toto pochopíte, budete sa kajať zo svojich hriechov, prijmete Ježiša za svojho Spasiteľa, dostanete dar Ducha Svätého a dostanete právo byť Božím dieťaťom. Toto je prvý krok k pravej viere.

Ľudia, ktorí majú pravú vieru, majú skutky, ktoré o nej svedčia. Boh uvidí skutky viery a odpovie im na želania ich sŕdc. Tí, ktorí zažívajú diela Jeho moci, ponúkajú Bohu dôkazy viery a On ich prijíma.

Potešovať Boha skutkami viery

Ponúkam vám niekoľko príkladov z Biblie. Prvým príkladom je príbeh Námana, veliteľa vojska aramejského kráľa, opísaný v 2 Kr 5. Náman zažil dielo Božej moci po preukázaní skutkov viery, keď poslúchol proroka Elizea, skrze ktorého hovoril Boh.

Náman bol vynikajúci generál aramejského kráľovstva. Keď Náman ochorel na malomocenstvo, navštívil Elizea, o ktorom sa hovorilo, že robil zázraky. Avšak, keď taký vplyvný a uznávaný generál ako Náman prišiel k Elizeovi s veľkým množstvom zlata, striebra a odevu, prorok iba vyslal posla, aby Námanovi povedal: „Choď a okúp sa sedem ráz v Jordáne." (v 10).

Spočiatku bol Náman viditeľne nahnevaný, predovšetkým preto, že ho prorok dôstojne neprivítal. Navyše, namiesto toho, aby sa Elizeus za neho modlil, iba Námanovi odkázal, aby sa umyl v rieke Jordán. Ale Náman čoskoro zmenil názor a poslúchol. Aj keď mu slová Elizea neboli po chuti a boli v rozpore s jeho myšlienkami, Náman sa rozhodol Božieho proroka aspoň pokúsiť poslúchnuť.

Keď sa Náman už po šiestykrát umýval v rieke Jordán, s jeho malomocenstvom nedošlo k žiadnym viditeľným zmenám. Ale keď sa Náman umyl v Jordáne po siedmykrát, jeho telo bolo obnovené a bolo také čisté ako telo malého chlapca (v 14).

Duchovne, „voda" symbolizuje Božie slovo. Skutočnosť, že sa Náman ponoril do rieky Jordán, znamená, že Jeho slovom bol Náman očistený od hriechov. Navyše, číslo „sedem" znamená dokonalosť; skutočnosť, že sa Náman do rieky ponoril „sedemkrát", znamená, že generál získal úplné odpustenie.

Z rovnakého dôvodu, ak chceme získať Božie odpovede, musíme sa najprv dôkladne kajať zo všetkých hriechov, ako to urobil Náman. Napriek tomu, pokánie nekončí jednoduchým vyslovením: „Kajám sa. Vykonal som zlo." Mali by ste si „roztrhnúť srdce" (Joel 2, 13). Navyše, keď konáte dôkladné pokánie zo svojich hriechov, musíte sa snažiť ten istý hriech nikdy znovu nespáchať. Až potom bude múr hriechu medzi vami a Bohom zničený, z vášho vnútra bude prameniť šťastie, vaše problémy budú vyriešené a získate odpovede na túžby vášho srdca.

Druhým príkladom je príbeh kráľa Šalamúna opisaný v 1 Kr 3, ktorý Bohu ponúkol tisíc zápalných obiet. Prostredníctvom týchto obiet Šalamún demonštroval skutky jeho viery, aby mohol získať Božie odpovede a v dôsledku toho dostal od Boha nielen to, o čo prosil, ale aj to, o čo neprosil.

Na to, aby Šalamún ponúkol tisíc zápalných obiet, potreboval veľké množstvo oddanosti. Pre každú obetu musel kráľ chytiť zvieratá a pripraviť ich. Viete si predstaviť, koľko času, úsilia a peňazí stálo týchto tisíc obiet? Druh oddanosti, ktorú Šalamún ukázal, by nebol možný, keby kráľ v živého Boha neveril.

Keď Boh videl Šalamúnovu oddanosť, dal mu nielen múdrosť, po ktorej kráľ pôvodne túžil, ale aj bohatstvo a česť - aby počas života nemal medzi kráľmi obdoby.

Posledným príkladom je príbeh ženy zo sýrskej Fenície opísaný v Mt 15, ktorej dcéra bola posadnutá démonom. Pred Ježiša prišla so skromným a verným srdcom, prosila Ježiša o uzdravenie, a nakoniec bola túžba jej srdca splnená. Avšak, na úprimné ženine žobranie Ježiš spočiatku nereagoval slovami: „V poriadku, tvoja dcéra je uzdravená." Namiesto toho, žene povedal: „Nie je dobré vziať chlieb deťom a hodiť ho šteňatám." (v 26). Prirovnal ženu k psovi. Ak by bola žena bez viery, buď by sa cítila veľmi trápne, alebo by sa veľmi nahnevala. Ale táto žena mala vieru, ktorá ju uistila o Ježišovej odpovedi a nebola ani sklamaná, ani nahnevaná. Namiesto toho ešte pokornejšie Ježišovi odpovedala. „Áno, Pane," žena povedala Ježišovi, „ale aj šteňatá jedia odrobinky, ktoré padajú zo stola ich pánov." Po tomto bol Ježiš veľmi potešený vierou ženy a ihneď uzdravil jej démonom posadnutú dcéru.

Podobne, ak chceme získať uzdravenie a odpovede, musíme demonštrovať svoju vieru až do konca. Navyše, ak máte vieru, ktorou môžete získať Jeho odpovede, musíte pred Boha fyzicky predstúpiť.

Pretože sa Božia moc úžasne prejavuje v Manminskej

centrálnej cirkvi, je možné získať uzdravenie cez šatku, nad ktorom som sa modlil alebo cez fotografiu. Avšak, človek musí prísť pred Boha sám, výnimkou je prípad, ak je v kritickom stave alebo v zahraničí. Človek môže zažiť Božiu moc až po počúvaní Jeho slova, a ak má vieru. Navyše, ak je človek mentálne zaostalý alebo posadnutý démonmi, a preto nemôže prísť pred Boha svojou vlastnou vierou, potom tak, ako v prípade ženy zo sýrskej Fenície, musia pred Boha namiesto neho prísť s láskou a vierou jeho rodičia alebo rodinní príslušníci.

Okrem týchto príkladov existujú mnohé ďalšie dôkazy viery. Napríklad, šťastie a vďačnosť sú vždy viditeľné na tvári človeka, ktorý má vieru na získanie odpovedí. V Mk 11, 24 nám Ježiš hovorí: „Preto vám hovorím: Verte, že všetko, o čo v modlitbe prosíte, ste už dostali, a budete to mať." Ak máte pravú vieru, môžete byť šťastní a vďační za každých okolností. Navyše, ak vyznávate, že veríte v Boha, budete poslúchať a žiť podľa Jeho Slova. Pretože Boh je svetlo, budete sa usilovať chodiť vo svetle a premeniť sa.

Boh sa raduje z našich skutkov viery a odpovedá na

túžby nášho srdca. Máte druh a mieru viery, po akej túži Boh?

V Hebr 11, 6 nám pripomína: „Bez viery je totiž nemožné páčiť sa Bohu. Lebo kto prichádza k Bohu, musí veriť, že je, a že odmieňa tých, čo ho hľadajú."

V mene nášho Pána Ježiša Krista sa modlím, aby ste správne pochopili, čo znamená veriť v Boha a dokazovali svoju vieru, a tak Ho potešovali, zažívali Jeho moc a viedli požehnaný život!

Posolstvo č.2
Veriť v Pána

Hebr 12, 1 – 2

Preto aj my,
obklopení takým oblakom svedkov,
zhoďme všetku príťaž a hriech,
ktorý nás opantáva,
a vytrvalo bežme v závode, ktorý máme pred sebou,
s očami upretými na Ježiša,
pôvodcu a završiteľa viery.
On namiesto radosti, ktorá sa mu núkala,
vzal na seba kríž, pohrdol potupou
a sedí po pravici Božieho trónu.

Mnoho ľudí už dnes počulo meno „Ježiš Kristus". Prekvapivo veľa ľudí nevie, prečo je Ježiš jediným Spasiteľom ľudstva, alebo prečo sme spasení len vtedy, keď veríme v Ježiša Krista. Dokonca existujú kresťania, ktorí nie sú schopní odpovedať na vyššie uvedené otázky, a to aj keď priamo súvisia so spasením. To znamená, že títo kresťania vedú svoje životy v Kristovi bez toho, aby plne chápali duchovný význam týchto otázok.

Preto, len vtedy, keď správne vieme a chápeme, prečo je Ježiš naším jediným Spasiteľom, čo znamená prijať Ho a veriť v Neho a máme pravú vieru, môžeme zažiť Božiu moc. Niektorí ľudia jednoducho považujú Ježiša za jedného zo štyroch veľkých svätcov. Iní Ho považujú za zakladateľa kresťanstva alebo za veľkorysého človeka, ktorý počas svojho života vykonal veľa dobra.

Avšak, tí z nás, ktorí sa stali Božími deťmi, musia byť schopní vyznať, že Ježiš je Spasiteľ ľudstva, ktorí vykúpil všetkých ľudí z hriechov. Ako môžeme prirovnávať jednorodeného Božieho Syna, Ježiša Krista, k ľudským bytostiam, ktoré sú obyčajnými stvoreniami? Aj v Ježišovej dobe vidíme, že tam bolo veľa rôznych názorov na to, za koho Ho pokladali ľudia.

Syn Boha Stvoriteľa, Spasiteľ

V Mt 16 je scéna, v ktorej sa Ježiš opýtal svojich učeníkov: „Za koho pokladajú ľudia Syna človeka?" (v 13) Citovaním odpovedí rôznych ľudí učeníci odpovedali: „Jedni za Jána Krstiteľa, iní za Eliáša a iní za Jeremiáša alebo za jedného z prorokov" (v 14). Potom sa Ježiš opýtal svojich učeníkov: „A za koho ma pokladáte vy?" (v 15) Keď Peter odpovedal: „Ty si Mesiáš, Syn živého Boha" (v 16), Ježiš ho pochválil: „Blahoslavený si, Šimon, syn Jonášov, lebo ti to nezjavilo telo a krv, ale môj Otec, ktorý je na nebesiach." (v 17). Vďaka nespočetným dielam Božej moci, ktoré Ježiš uskutočnil, Peter si bol istý, že to bol Syn Boha Stvoriteľa a Kristus, Spasiteľ ľudstva.

Na počiatku Boh z prachu stvoril človeka na Jeho vlastný

obraz a doviedol ho do raja Edenu. V raji bol strom života a strom poznania dobra a zla a Boh prikázal prvému človeku Adamovi: „Zo všetkých stromov raja môžeš jesť. Zo stromu poznania dobra a zla však nejedz! Lebo v deň, keď by si z neho jedol, istotne zomrieš." (Gn 2, 16 - 17).

Po dlhej dobe boli prví ľudia Adam a Eva pokúšaní hadom, ktorý bol podnietený Satanom a neuposlúchli Boží príkaz. Nakoniec jedli zo stromu poznania dobra a zla a boli vyhnaní z raja Edenu. V dôsledku ich skutkov potomkovia Adama a Evy zdedili ich hriešnu prirodzenosť. Navyše, ako Boh Adamovi povedal, že zomrie, duchovia všetkých jeho potomkov kráčali k večnej smrti.

Preto pred začiatkom vekov Boh pripravil cestu spásy, Syna Boha Stvoriteľa - Ježiša Krista. Ako hovorí verš Sk 4, 12: „A v nikom inom niet spásy, lebo niet pod nebom iného mena, daného ľuďom, v ktorom by sme mali byť spasení," okrem Ježiša Krista neexistuje v histórii nikto iný, kto by bol kvalifikovaný byť Spasiteľom ľudstva.

Božia prozreteľnosť, ktorá bola ukrytá pred začiatkom vekov

1 Kor 2, 6 - 7 nám hovorí: „Medzi dokonalými hovoríme aj múdrosť - no nie múdrosť tohoto veku ani múdrosť kniežat tohoto veku, ktoré spejú k záhube, ale hovoríme tajomnú Božiu múdrosť, ktorá bola skrytá, a ktorú Boh pred vekmi určil nám na slávu." 1 Kor 2, 8 - 9 nám ďalej pripomína: „Nik z kniežat tohoto veku ju nepoznal. Veď keby ju boli poznali, nikdy by neboli ukrižovali Pána slávy. Ale, ako je napísané: „Ani oko nevidelo, ani ucho nepočulo, ani do ľudského srdca nevystúpilo, čo Boh pripravil tým, ktorí ho milujú."" Musíme si uvedomiť, že cesta k spaseniu, ktorú Boh pre ľudstvo pripravil ešte pred začiatkom vekov, je krížová cesta Ježiša Krista a toto je Božia múdrosť, ktorá bola ukrytá.

Boh ako Stvoriteľ vždy nad všetkým vo vesmíre vládne a riadi históriu ľudstva. Kráľ alebo prezident krajiny riadi krajinu v súlade s právnymi predpismi krajiny, výkonný riaditeľ akciovej spoločnosti riadi spoločnosť podľa firemných smerníc a hlava domácnosti dohliada na jeho rodinu podľa rodinných pravidiel. Podobne, aj keď je Boh majiteľom všetkých vecí vo vesmíre, všetky veci riadi vždy v súlade so zákonom duchovnej ríše, ako nájdeme v Biblii.

Zákonom duchovnej ríše je pravidlo: „Odplata za hriech je smrť" (Rim 6, 23), ktoré trestá previnenia, a je tu aj pravidlo, ktoré nás môže vykúpiť z našich hriechov. To je dôvod, prečo Boh použil pravidlo na naše vykúpenie z hriechov, aby obnovil moc, ktorá bola Adamovou neposlušnosťou odovzdaná nepriateľovi diablovi.

Aké bolo pravidlo, podľa ktorého mohlo byť ľudstvo vykúpené a mohla byť obnovená moc, ktorú prvý človek Adam odovzdal nepriateľovi diablovi? Podľa „zákona o vykúpení pozemkov" ešte pred začiatkom vekov Boh pripravil pre ľudstvo cestu spásy.

Ježiš Kristus je kvalifikovaný podľa zákona o vykúpení pozemkov

Boh dal Izraelitom „zákon o vykúpení pozemkov", ktorý hovoril nasledovné: pôda sa nebude predávať natrvalo, a ak niekto schudobnie a predá svoje pozemky, jeho najbližší príbuzný alebo on sám musí prísť a pozemky odkúpiť, a tým obnoví vlastníctvo pôdy (Lv 25, 23 - 28).

Boh vopred vedel, že Adam svojou neposlušnosťou odovzdá diablovi moc, ktorú dostal od Boha. Okrem toho, ako skutočný a pôvodný majiteľ všetkých vecí vo vesmíre, Boh odovzdal diablovi moc a slávu, ktoré kedysi vlastnil Adam, pretože to požadoval zákon duchovnej ríše. To je dôvod, prečo pri diablovom pokúšaní Ježiša v Lk 4, keď Mu ukázal všetky kráľovstvá sveta, mohol Ježišovi povedať: „Dám ti všetku ich moc a slávu, lebo som ju dostal a dám ju komu chcem. Ak sa mi teda budeš klaňať, všetka bude tvoja." (Lk 4, 6 - 7).

Podľa zákona o vykúpení pozemkov patrí všetka pôda Bohu. A tak človek nemôže nikdy predať pôdu natrvalo, a keď sa objaví človek s potrebnou kvalifikáciou, musí získať predané pozemky. Podobne, všetky veci vo vesmíre patria Bohu, takže ich Adam nemohol „predať" natrvalo, a ani diabol ich nesmel natrvalo vlastniť. Preto, keď sa objavil človek schopný vykúpiť Adamovu stratenú moc, nepriateľ diabol nemal na výber a musel sa vzdať moci, ktorú dostal od Adama.

Pred začiatkom vekov Boh spravodlivosti pripravil bezúhonného človeka kvalifikovaného podľa zákona o vykúpení pozemkov a tou cestou ku spáse ľudstva je Ježiš Kristus.

Ako teda mohol Ježiš Kristus podľa zákona o vykúpení pozemkov obnoviť moc, ktorá bola odovzdaná nepriateľovi diablovi? Iba keď Ježiš splnil nasledujúce štyri kvalifikácie, mohol vykúpiť všetkých ľudí z hriechov a získať moc, ktorá bola odovzdaná nepriateľovi diablovi.

Po prvé, vykupiteľ musí byť človek, Adamov „najbližší príbuzný"

Lv 25, 25 nám hovorí: „Ak tvoj príbuzný schudobnie a predá čiastku svojich rolí, vystúpi jeho najbližší príbuzný ako jeho výkupník a odkúpi, čo jeho príbuzný predal."
Vzhľadom k tomu, že „najbližší príbuzný" môže vykúpiť pozemky, na získanie moci, ktorú Adam stratil, musí byť tento „najbližší príbuzný" človek. 1 Kor 15, 21 - 22 hovorí:

„Lebo ako je skrze človeka smrť, tak je skrze človeka aj zmŕtvychvstanie. Veď ako všetci umierajú v Adamovi, tak zasa všetci ožijú v Kristovi." Inými slovami, keď skrze neposlušnosť jedného človeka vstúpila smrť, aj vzkriesenie mŕtveho ducha musí byť dosiahnuté skrze jedného človeka.

Ježiš Kristus je „Slovo, [ktoré] sa stalo telom" a prišlo na zem (Jn 1, 14). On je Syn Boží, narodený v tele s božskou aj ľudskou prirodzenosťou. Navyše, Jeho narodenie je historický fakt a existuje veľa dôkazov, ktoré o tejto skutočnosti svedčia. Najpozoruhodnejšie je označovanie histórie ľudstva pomocou „BC" alebo „pred Kristom" a „AD" alebo „Anno Domini" v latinčine, čo znamená „v roku nášho Pána."

Pretože Ježiš Kristus prišiel na svet v tele, On je Adamov „najbližší príbuzný" a spĺňa prvú kvalifikáciu.

Po druhé, vykupiteľ nesmie byť Adamovým potomkom

Aby človek mohol vykúpiť iných ľudí z hriechov, sám nesmie byť hriešnikom. Všetci potomkovia Adama, ktorý sám sa stal hriešnikom v dôsledku jeho neposlušnosti, sú hriešnici. Preto, v súlade so zákonom o vykúpení pozemkov vykupiteľ nesmie byť Adamovým potomkom.

V Zjv 5, 1 - 3 je napísané nasledujúce:

I videl som v pravici Sediaceho na tróne knihu popísanú znútra i zvonka a zapečatenú siedmimi pečaťami. A videl som mocného anjela, ktorý ohlasoval mohutným hlasom: „Kto je hoden otvoriť knihu a rozlomiť jej pečate?" Ale nik na nebi ani na zemi ani pod zemou nemohol otvoriť knihu a nazrieť do nej.

Kniha „zapečatená siedmimi pečaťami" tu odkazuje na zmluvu medzi Bohom a diablom po Adamovom neuposlúchnutí a ten, kto je „hoden otvoriť knihu a zlomiť jej pečate", musí mať kvalifikácie podľa zákona o vykúpení pozemkov. Keď sa apoštol Ján rozhliadol okolo seba, aby videl toho, kto by mohol knihu otvoriť a zlomiť jej pečate, nikoho nenašiel.

Ján vzhliadol na nebo a videl iba anjelov a žiadnych ľudí. Pozrel sa na zem a videl len Adamových potomkov, všetkých hriešnikov. Pozrel sa pod zem a videl len hriešnikov predurčených ísť do pekla a bytosti, ktoré patria diablovi. Ján sa rozplakal, pretože sa nenašiel nik, kto by spĺňal kvalifikácie podľa zákona o vykúpení pozemkov (v 4).

Potom jeden zo starších utešoval Jána a povedal mu: „Neplač, lebo zvíťazil Lev z Júdovho kmeňa, Koreň Dávidov; on otvorí knihu a jej sedem pečatí." (v 5). „Lev z Júdovho kmeňa, Koreň Dávidov" tu odkazuje na Ježiša, ktorý je z pokolenia Júdovho a domu Dávidovho; Ježiš Kristus spĺňa kvalifikácie vykupiteľa podľa zákona o vykúpení pozemkov.

V Mt 1, 18 - 21 nájdeme podrobný opis narodenia nášho Pána:

S narodením Ježiša Krista to bolo takto: Jeho matka Mária bola zasnúbená s Jozefom: Ale skôr, ako by boli začali spolu bývať, ukázalo sa, že počala z Ducha Svätého. Jozef, jej manžel, bol človek spravodlivý a nechcel ju vystaviť potupe, preto ju zamýšľal potajomky prepustiť. Ako o tom uvažoval, zjavil sa mu vo sne Pánov anjel a povedal: „Jozef, syn Dávidov, neboj sa prijať Máriu, svoju manželku, lebo to, čo sa v nej počalo, je z Ducha Svätého. Porodí syna a dáš mu meno Ježiš, lebo on vyslobodí svoj ľud z hriechov."

Dôvodom, prečo jednorodený Syn Boží Ježiš Kristus prišiel na tento svet v tele (Jn 1, 14) cez lono Panny Márie, je to, že Ježiš musel byť človekom, ale nie Adamovým potomkom, aby mohol byť kvalifikovaný podľa zákona o vykúpení pozemkov.

Po tretie, vykupiteľ musí mať moc

Predpokladajme, že mladší brat schudobnie a predá svoj pozemok a jeho starší brat chce tieto pozemky mladšieho brata odkúpiť. Potom starší brat musí získať dostatočné prostriedky na odkúpenie (Lv 25, 26). Podobne, ak má mladší brat veľký dlh a jeho starší brat chce tento dlh splatiť, môže to urobiť, keď má okrem dobrého úmyslu aj „dostatočné prostriedky".

Z rovnakého dôvodu, na obrátenie hriešnika na

spravodlivého človeka sú potrebné „dostatočné prostriedky" alebo moc. Moc vykúpiť pozemky tu odkazuje na moc vykúpiť všetkých ľudí z hriechov. Inými slovami, vykupiteľ všetkých ľudí, ktorý v súlade so zákonom o vykúpení pozemkov spĺňa kvalifikácie, nesmie mať žiadne hriechy.

Pretože Ježiš Kristus nie je potomkom Adama, nemá dedičný hriech. A ani On sám nespáchal žiadne hriechy, pretože počas jeho tridsaťtriročného života na zemi dodržiaval celý zákon. Bol obrezaný ôsmeho dňa po Jeho narodení a pred začatím Jeho trojročnej služby úplne poslúchal a miloval Jeho rodičov a oddane dodržiaval všetky prikázania.

To je dôvod, prečo nám Hebr 7, 26 hovorí: „Veď bolo aj vhodné, aby sme mali takého veľkňaza: svätého, nevinného, nepoškvrneného, oddeleného od hriešnikov, povýšeného nad nebesia." V 1 Pt 2, 22 - 23 nájdeme: „On sa nedopustil hriechu, ani lesť nebola v jeho ústach. Keď mu zlorečili on nezlorečil, keď trpel, nevyhrážal sa, to postúpil tomu, ktorý súdi spravodlivo."

Po štvrté, vykupiteľ musí mať lásku

Na vykúpenie pôdy je okrem troch vyššie uvedených podmienok nutná láska. Bez lásky nebude môcť starší brat, ktorý môže odkúpiť pôdu mladšieho brata, vykúpiť pozemok. Aj keď je starší brat najbohatším človekom v krajine, zatiaľ čo jeho mladší brat má dlh astronomickej výšky, bez lásky by starší brat mladšiemu bratovi nepomohol. Na čo by boli mladšiemu bratovi moc a bohatstvo staršieho brata?

V Rút 4 je príbeh Boáza, ktorý veľmi dobre poznal situáciu, v ktorej sa nachádzala Naomi, svokra Rút. Keď Boáz požiadal „príbuzného-vykupiteľa", aby vykúpil Naomine dedičstvo, príbuzný - vykupiteľ odpovedal: „Tak ho nemôžem odkúpiť, lebo by som si zničil svoj dedičný podiel. Odkúp si ty, čo som mal ja odkúpiť, lebo ja ho kúpiť nemôžem." (v 6). Potom Boáz v jeho hojnej láske odkúpil Naomine pozemky. Boáz získal veľké požehnanie stať sa Dávidovým predkom.

Ježiš, ktorý prišiel na svet v ľudskom tele, nebol

potomkom Adama, pretože bol počatý z Ducha Svätého a nespáchal žiadny hriech. Preto mal „dostatočné prostriedky" na naše vykúpenie. Keby Ježiš nemal lásku, neznášal by muky ukrižovania. Ale Ježiš bol taký plný lásky, že bol ukrižovaný obyčajnými stvoreniami, prelial všetku Jeho krv a vykúpil ľudstvo, čím otvoril cestu spásy. Toto je výsledok nesmiernej lásky nášho Boha Otca a Ježišovej obety, ktorý bol poslušný až na smrť.

Dôvod, prečo Ježiš visel na dreve

Prečo Ježiš visel na drevenom kríži? Bolo to pre splnenie zákona duchovnej ríše, ktorý nariaďuje: „Kristus nás vykúpil spod kliatby zákona tým, že sa za nás stal kliatbou, lebo je napísané: „Prekliaty je každý, kto visí na dreve"" (Gal 3, 13). Ježiš visel na dreve namiesto nás, aby nás, hriešnikov, mohol vykúpiť „z kliatby zákona."

Lv 17, 11 nám hovorí: „Veď duša živočícha je v krvi a dal som vám ju pre oltár, aby ste ňou zmierovali svoje duše. Krv sprostredkuje zmierenie, lebo v nej je život." Hebr 9, 22 hovorí: „A podľa zákona sa skoro všetko očisťuje krvou a bez vyliatia krvi niet odpustenia." Krv je život, pretože bez preliatia krvi „nie je odpustenie". Ježiš prelial Jeho nevinnú a drahocennú krv, aby sme my získali život.

Navyše, skrze Jeho utrpenie na kríži sú veriaci oslobodení od prekliatia chorôb, neduhov, chudoby, atď. Pretože Ježiš žil počas Jeho života na zemi v chudobe, postaral sa o našu chudobu. Pretože Ježiš bol bičovaný, sme oslobodení od všetkých našich chorôb. Pretože Ježiš mal tŕňovú korunu, On nás vykúpil z hriechov, ktoré páchame našimi myšlienkami. Pretože Ježiš bol rukami a nohami pribitý na kríži, On nás vykúpil zo všetkých našich hriechov, ktoré páchame našimi rukami a nohami.

Veriť v Pána znamená zmeniť sa v pravdu

Ľudia, ktorí skutočne chápu prozreteľnosť kríža a veria z hĺbky ich sŕdc, odhodia hriechy a budú žiť podľa Božej vôle. Ako nám Ježiš hovorí v Jn 14, 23: „Kto ma miluje, bude zachovávať moje slovo a môj Otec ho bude milovať;

prídeme k nemu a urobíme si uňho príbytok," takí ľudia získajú Božiu lásku a požehnania.

Prečo, teda, ľudia, ktorí vyznávajú vieru v Pána, nedostávajú odpovede na ich modlitby a žijú uprostred skúšok a utrpenia? Je to preto, lebo aj keď hovoria, že veria v Boha, Boh ich vieru nepovažuje za pravú vieru. To znamená, že aj napriek tomu, že počuli Božie slovo, ešte neodhodili hriechy a nezmenili sa v pravdu.

Napríklad, existuje nespočetné množstvo veriacich, ktorí nedodržiavajú Desatoro prikázaní, základ života v Kristovi. Takí jedinci sú si vedomí príkazu „Pamätaj, aby si deň sviatočný svätil". A aj napriek tomu sa zúčastnia len rannej služby alebo vôbec žiadnej a v Pánov deň pracujú. Vedia, že majú dávať desiatky, ale pretože sú pre nich peniaze príliš vzácne, nedávajú celé desiatky. Keď nám Boh konkrétne povedal, že nedávať celé desiatky je Jeho „okrádanie", ako by mohli dostať odpovede a požehnania? (Mal 3, 8)

Potom sú tu tí veriaci, ktorí druhým neodpúšťajú chyby a omyly. Hnevajú sa a plánujú pomsty. Niektorí ľudia dávajú sľuby, ale znovu a znovu ich nedodržiavajú, a ďalší ľudia ostatných obviňujú a lamentujú, presne tak, ako svetskí ľudia. Ako by bolo možné o nich povedať, že majú pravú vieru?

Ak budeme mať pravú vieru, musíme sa snažiť robiť všetky veci podľa Božej vôle, vyhýbať sa všetkým druhom zla a podobať sa na nášho Pána, ktorý sa pre nás hriešnikov vzdal vlastného života. Takí ľudia dokážu odpúšťať a milovať aj takých, ktorí ich nenávidia a ubližujú im a vždy ostatným slúžia a obetujú sa pre nich.

Keď sa zbavite výbušnosti, premeníte sa na láskavého človeka, ktorého pery budú rozprávať len slová dobroty a tepla. Ak ste sa predtým pri každej príležitosti sťažovali, pravou vierou sa zmeníte a budete za všetkých okolností ďakovať a k všetkým ľuďom naokolo budete milostiví.

Ak naozaj veríme v Pána, každý z nás sa musí na Neho podobať a viesť nový život. To je spôsob, ako získať Božie odpovede a požehnania.

Hebr 12, 1 - 2 nám hovorí:

Preto aj my, obklopení takým oblakom svedkov, zhoďme všetku príťaž a hriech, ktorý nás opantáva, a vytrvalo bežme v závode, ktorý máme pred sebou, s očami upretými na Ježiša, pôvodcu a završiteľa viery. On namiesto radosti, ktorá sa mu núkala, vzal na seba kríž, pohrdol potupou a sedí po pravici Božieho trónu.

Okrem mnohých predkov viery, ktorých v Biblii nájdeme, aj medzi nami existuje veľa ľudí, ktorí vierou v nášho Pána získavajú spasenie a požehnanie.

Nech ako „taký oblak svedkov" máme pravú vieru! Odhoďme všetko, čo nám bráni, aj hriech, ktorý nás tak ľahko zmätie a snažme sa podobať nášmu Pánovi! Až potom, ako Ježiš prisľúbil v Jn 15, 7: „Ak ostanete vo mne a moje slová ostanú vo vás, proste, o čo chcete, a splní sa vám to," každý z nás povedie život, ktorý bude plný Jeho odpovedí a požehnaní.

Ak ešte taký život nevediete, pozrite sa na svoj život, roztrhnite si srdcia a konajte pokánie z toho, že ste v Pána neverili správne a rozhodnite sa žiť len podľa Božieho slova.

V mene nášho Pána Ježiša Krista sa modlím, aby každý z vás mal pravú vieru, zažil Božiu moc a veľmi Ho oslávil všetkými vašimi odpoveďami a požehnaním!

Posolstvo č.3
Nádoba krajšia ako drahokam

2 Tim 2, 20 – 21

*Vo veľkom dome
nie sú len zlaté a strieborné nádoby,
ale aj drevené a hlinené;
jedny na vznešené ciele, iné na všedné.
Kto sa od tohto očistí,
bude nádobou na vznešené ciele,
posvätenou, užitočnou Pánovi,
pripravenou na každé dobré dielo.*

Boh stvoril ľudstvo, aby získal pravé deti, s ktorými by sa delil o pravú lásku. Ale ľudia páchali hriechy, vzdialili sa od pravého dôvodu ich stvorenia a stali sa otrokmi nepriateľa diabla a satana (Rim 3, 23). Boh lásky sa však nevzdal svojej túžby po pravých deťoch. Otvoril cestu spásy ľuďom, ktorí boli uprostred hriechu. Boh nechal ukrižovať Jeho jediného Syna Ježiša, aby mohol vykúpiť ľudí z hriechu.

Prostredníctvom tejto úžasnej lásky naplnenou obrovskou obetou sa otvorila cesta spásy pre každého človeka, ktorý uverí v Ježiša Krista. Každý, kto v srdci verí, že Ježiš zomrel a vstal z mŕtvych a ústami vyznáva, že Ježiš je Spasiteľ, má právo stať sa Božím dieťaťom.

Božie milované deti prirovnávané k „nádobám"

Ako hovorí 2 Tim 2, 20 – 21: „Vo veľkom dome nie sú

len zlaté a strieborné nádoby, ale aj drevené a hlinené; jedny na vznešené ciele, iné na všedné. Kto sa od tohto očistí, bude nádobou na vznešené ciele, posvätenou, užitočnou Pánovi, pripravenou na každé dobré dielo," účelom nádoby je niečo obsahovať. Boh prirovnáva Jeho deti k „nádobám", pretože ich môže naplniť Jeho láskou, milosťou a Jeho slovom, ktoré je pravda, ako aj Jeho mocou a právomocou. Preto si musíme uvedomiť, že podľa druhu nádoby, akú pripravíme, sa budeme tešiť z darov a požehnaní, ktoré pre nás Boh pripravil.

Akou nádobou je teda človek, ktorý je schopný prijať všetky Bohom pripravené požehnania? Je nádobou, ktorú Boh považuje za vzácnu, vznešenú a krásnu.

„Vzácna" nádoba je taká, ktorá úplne spĺňa Bohom danú povinnosť. Do tejto kategórie patria Ján Krstiteľ, ktorý pripravil cestu nášmu Pánovi Ježišovi a Mojžiš, ktorý vyviedol Izraelitov z Egypta.

„Vznešená" nádoba je taká, ktorá má vlastnosti ako úprimnosť, pravdivosť, rozhodovanie a vernosť, ktoré sú medzi obyčajnými ľuďmi veľmi zriedkavé. Patria tu Jozef a

Daniel, ktorí mali pozície rovnocenné premiérovi mocných krajín a veľmi oslávili Boha.

„Krásna" nádoba je v Božích očiach tá, ktorá má dobré srdce, nikdy sa neháda ani nehašterí, ale v pravde všetko prijíma a všetko znáša. Tu patria Ester, ktorá zachránila svojich krajanov a Abrahám, ktorý bol nazvaný „priateľom" Boha.

„Nádoba krajšia ako drahokam" je človek s vlastnosťami, ktoré sú Bohom považované za vzácne, vznešené a krásne. Drahokam ukrytý v piesku je ľahké nájsť. A preto, všetci Boží ľudia, ktorí sú krajší ako drahokamy, sú ľahko odlíšiteľní.

Väčšina drahokamov je veľmi drahých, ale ich jas a rôzne farby priťahujú ľudí hľadajúcich krásu. Ale nie všetky jagajúce sa kamene sú považované za drahokamy. Pravé drahokamy musia mať tiež odtieň a jas, ako aj fyzickú pevnosť. „Fyzická pevnosť" sa tu vzťahuje na tepelnú odolnosť materiálu, odolnosť voči miešaniu sa s inými materiálmi a na schopnosť zachovať si vlastný tvar. Ďalším dôležitým faktorom je zriedkavosť.

Aká drahocenná by bola nádoba, ktorá sa vyznačuje úžasným jasom, fyzickou pevnosťou a zriedkavosťou? Boh chce, aby sa Jeho deti stali nádobami krajšími ako drahokamy a chce, aby viedli požehnané životy. Keď Boh objaví takú nádobu, v hojnosti na ňu vyleje znamenia Jeho lásky a potešenia.

Ako sa môžeme stať nádobami, ktoré sú v Božích očiach krajšie ako drahokamy?

Po prvé, musíte si posvätiť srdce Božím slovom, ktoré je pravda sama

Na tomu, aby bola nádoba používaná na pôvodný účel, musí byť predovšetkým čistá. Dokonca aj drahá zlatá nádoba nemôže byť používaná, ak je špinavá a zapácha. Až keď bude táto nádoba očistená vodou, môže byť použitá na jej účel.

Rovnaké pravidlo platí aj pre Božie deti. Pre Jeho deti Boh pripravil hojné požehnania a rôzne odmeny, požehnanie bohatstva a zdravia, a podobne. Aby sme tieto požehnania a odmeny získali, najprv musíme samých seba pripraviť ako čisté nádoby.

V Jer 17, 9: „Srdce je klamlivé nado všetko a rozjatrené, kto sa v ňom vyzná?" V Mt 15, 18 – 19 tiež Ježiš hovorí: „Ale to, čo vychádza z úst, pochádza zo srdca a poškvrňuje človeka. Lebo zo srdca vychádzajú zlé myšlienky, vraždy, cudzoložstvá, smilstvá, krádeže, krivé svedectvá, rúhanie." Preto, až keď si očistíme srdcia, môžeme sa stať čistou nádobou. Ako čisté nádoby už nebudeme mať „zlé myšlienky", vyslovovať zlé slová ani konať zlé skutky.

Očista našich sŕdc je možná len duchovnou vodou, ktorou je Božie slovo. To je dôvod, prečo na nás On v Ef 5, 26 nalieha, aby „ju posvätil očistným kúpeľom vody a slovom," a v Hebr 10, 22 On každého z nás povzbudzuje: „pristupujme s úprimným srdcom v plnosti viery, so srdcom očisteným od zlého svedomia a s telom obmytým čistou vodou."

Ako nás teda očisťuje duchovná voda - Božie slovo? Musíme dodržiavať niekoľko príkazov nachádzajúcich sa v šesťdesiatich šiestich knihách Biblie, ktoré slúžia na „očistenie" našich sŕdc. Dodržiavanie príkazov, ako „nerob" a „odhoď," nás nakoniec povedie k tomu, aby sme sa zbavili všetkého, čo je hriešne a zlé.

Správanie tých, ktorí si očistili srdcia Jeho slovom, sa tiež zmení a budú vyžarovať Kristovo svetlo. Avšak, poslúchanie slova nemožno vykonať iba vlastnými silami a vôľou, musí nás viesť Duch Svätý a pomáhať nám.

Keď počúvame slovo a rozumieme mu, otvoríme naše srdcia a prijmeme Ježiša za svojho Spasiteľa, Boh nám dáva Ducha Svätého ako dar. Duch Svätý spočíva v ľuďoch, ktorí prijali Ježiša za ich Spasiteľa a pomáha im počúvať a chápať slovo pravdy. Písmo nám hovorí: „Čo sa narodilo z tela, je telo, a čo sa narodilo z Ducha, je duch." (Jn 3, 6). Božie deti, ktorí dostali Ducha Svätého ako dar, sú schopné sa každodenne zbavovať hriechu a zla za moci Ducha Svätého a stať sa duchovnými ľuďmi.

Sú niektorí z vás nervózni a nepokojní mysliac si: „Ako mám dodržať všetky tie príkazy?"

1 Jn 5, 2 - 3 nám pripomína: „Podľa toho poznáme, že milujeme Božie deti, keď milujeme Boha a plníme jeho prikázania. Lebo láska k Bohu spočíva v tom, že zachovávame jeho prikázania. A jeho prikázania nie sú ťažké." Ak Boha milujete z hĺbky srdca, poslušnosť k Jeho príkazom nemôže byť ťažká.

Keď sa rodičom narodia deti, starajú sa o ne po každej stránke, vrátane kŕmenia, obliekania, kúpania, a podobne. Na jednej strane, ak sa rodičia starajú o cudzie dieťa, môže to byť pre nich zaťažujúce. Na druhej strane, ak sa rodičia starajú o ich vlastné dieťa, nikdy to nebudú pociťovať ako záťaž. Aj keď sa dieťa prebudí v noci a plače, rodičia nemajú pocit, že ich to obťažuje, jednoducho svoje dieťa veľmi milujú. Robiť niečo pre milovaného človeka je zdrojom veľkej radosti a šťastia, nie je to vôbec ťažké a obtiažne. Z rovnakého dôvodu, ak naozaj veríme, že Boh je Otcom nášho ducha a v Jeho nesmiernej láske dal Jeho jediného Syna, aby bol za nás ukrižovaný na kríži, ako by sme mohli Ho nemilovať? Navyše, ak milujeme Boha, tak žiť podľa Jeho slova nie je náročné. Naopak, bude náročné a bolestné, keď nežijeme podľa Božieho slova alebo nenasledujeme Jeho vôľu.

Sedem rokov som trpel rôznymi chorobami, až kým ma moja staršia sestra nevzala do svätyne Boha. Keď som vo svätyni pokľakol, prostredníctvom ohňa Ducha Svätého a uzdravením všetkých mojich chorôb v jedinom okamihu, som sa stretol so živým Bohom. Stalo sa to 17. apríla 1974. Od tej chvíle som plný vďaky za Božiu milosť začal navštevovať všetky druhy bohoslužieb. V novembri toho istého roku som sa prvýkrát zúčastnil duchovných cvičení, kde som sa začal učiť Jeho Slovo, základy života človeka v Kristovi:

„Ach, tak toto je Boh!"
„Musím odhodiť všetky moje hriechy."
„To je to, čo sa stane, keď verím!"
„Musím prestať fajčiť a piť."
„Budem sa neprestajne modliť."
„Dávať desiatky je povinné
a pred Boha nemôžem prísť s prázdnymi rukami."

Autor Dr. Jaerock Lee

Celý týždeň som do môjho srdca prijímal slovo jednoduchým „Amen!".

Po tomto duchovnom stretnutí som prestal fajčiť a piť a začal dávať desiatky a obety vďakyvzdania. Tiež som sa začal modliť na úsvite a postupne sa stal človekom modlitby. Konal som presne to, čo som sa naučil a začal som čítať Bibliu.

V jedinom okamihu som bol mocou Boha uzdravený zo všetkých chorôb a neduhov, ktoré boli svetským spôsobom nevyliečiteľné. Preto som mohol úplne veriť každému veršu a kapitole v Biblii. Pretože som bol v tom čase začiatočníkom vo viere, niektoré časti Písma som nedokázal ľahko pochopiť. Ale príkazy, ktoré som chápal, som začal dodržiavať okamžite. Napríklad, keď mi Biblia povedala, aby som neklamal, hovoril som si: „Klamať je hriech! Biblia mi hovorí, že nesmiem klamať, tak klamať nebudem." Tiež som sa modlil: „Bože, prosím Ťa, pomôž mi zbaviť sa neúmyselného klamstva!" Neznamená to, že som so zlým srdcom klamal ľudí, ale aj napriek tomu som sa vytrvalo modlil, aby som mohol prestať neúmyselné klamať.

Mnoho ľudí klame a väčšina z nich si ani neuvedomuje, že klame. Keď zavolal niekto, s kým ste nechceli hovoriť, už ste niekedy nonšalantne povedali deťom, spolupracovníkom alebo priateľom: „Povedz mu, že tu nie som?" Mnoho ľudí klame, pretože berú „ohľad" na druhých. Takí ľudia klamú, keď sa ich, napríklad, na návšteve niekto opýta, či by chceli niečo jesť alebo piť. Aj napriek tomu, že sú hladní alebo smädní, hostia, ktorí nechcú byť „na obtiaž", často ich hostiteľom odpovedia: „Nie, ďakujem. Už som jedol (alebo pil) predtým, než som sem prišiel." Avšak, keď som sa dozvedel, že aj klamať s dobrým úmyslom je klamstvo, neprestajne som sa modlil za zbavenie sa klamstva, a nakoniec som sa zbavil dokonca aj neúmyselného klamstva.

Navyše, urobil som si zoznam všetkého zlého a hriešneho, čo som chcel odhodiť a modlil som sa. Až keď som sa presvedčil, že som sa určite zbavil jedného zla a hriešneho zvyku alebo skutku, vyškrtol som túto položku červeným perom. Ak tam bolo nejaké zlo a hriech, ktoré som nemohol ľahko odhodiť, dokonca ani vrúcnou modlitbou, začal som sa ihneď postiť. Ak sa mi to nepodarilo ani po trojdňovom pôste, predĺžil som ho na päť dní. Ak som znova spáchal ten istý hriech, potom som začal sedemdňový pôst. Avšak, len zriedka som sa musel postiť celý týždeň, po trojdňovom pôste som dokázal odhodiť väčšinu hriechov a zla. Čím viac zla som odstránil opakovaním tohto procesu, tým čistejšou nádobou som sa stával.

Tri roky po tom, čo som stretol Pána, odhodil som všetko, čo bolo voči Božiemu slovu neposlušnosťou a v Jeho očiach som mohol byť považovaný za čistú nádobu. Okrem toho, keďže som svedomito a usilovne dodržiaval príkazy, vrátane „Konaj" a „Dodžiavaj", za krátku dobu som mohol žiť podľa Jeho slova. Ako som sa menil na čistú nádobu, Boh ma hojne požehnával. Moja rodina dostala požehnanie zdravia. Okamžite som mohol splatiť všetky dlhy. Dostal som fyzické aj duchovné požehnanie. Je to tak, ako nás uisťuje Biblia: „Milovaní, ak nám srdce nič nevyčíta, máme dôveru k Bohu a dostaneme od neho všetko, o čo len budeme prosiť, lebo zachovávame jeho prikázania a robíme, čo sa jemu páči." (1 Jn 3, 21 - 22).

Po druhé, aby ste sa stali nádobou krajšou ako drahokam, musíte byť „zušľachtení ohňom" a vyžarovať duchovné svetlo

Drahé kamene v prsteňoch a náhrdelníkoch boli kedysi nečisté. Avšak, boli zušľachtené brúsením a začali žiariť úžasným jasom a mať krásne tvary.

Ako kvalifikovaní odborníci režú, leštia a zušľachťujú ohňom tieto drahé kamene a menia ich na drahokamy s nádherným tvarom a veľkým leskom, aj Boh vychováva Jeho deti. Boh ich nevychováva kvôli ich hriechom, ale preto, lebo cez disciplínu ich môže fyzicky i duchovne žehnať. V očiach Jeho detí, ktoré nehrešia alebo sa nedopúšťajú nijakého zla, to môže vyzerať, že musia znášať bolesť a utrpenie zo skúšok. To je proces, prostredníctvom ktorého Boh vychováva a zušľachťuje Jeho deti, aby vyžarovali krajšie farby a lesk. 1 Pt 2, 19 nám pripomína: „Veď je to milosť, keď niekto pre svoje svedomie pred Bohom znáša bolesti a nespravodlivo trpí." Tiež čítame: „aby vám vaša vyskúšaná viera, omnoho vzácnejšia ako pominuteľné zlato, ktoré sa tiež skúša ohňom, bola na chválu, slávu a česť vtedy, keď sa zjaví Ježiš Kristus." (1 Pt 1, 7).

Aj keď už Božie deti odhodili všetky druhy zla a stali sa svätými nádobami, v čase podľa Jeho výberu ich Boh vychováva skrze skúšky a prekážky, aby sa stali nádobami krajšími ako drahokamy. Ako hovorí druhá polovica 1 Jn 1, 5: „Boh je svetlo a niet v ňom nijakej tmy," pretože sám Boh je bezchybné a dokonalé a slávne svetlo, Jeho deti vedie na rovnakú úroveň svetla.

Preto, keď prekonáme všetky Bohom dovolené skúšky v dobrote a láske, stanete sa žiarivejšou a krajšou nádobou. Úroveň duchovnej právomoci a moci sa líši v závislosti od jasu duchovného svetla. Okrem toho, kde žiari duchovné svetlo, nepriateľ diabol a satan nemajú miesto.

V Mk 9 je scéna, v ktorej Ježiš vyhnal zlého ducha z chlapca, za ktorého otec prosil Ježiša, aby ho uzdravil. Ježiš pohrozil zlému duchu: „Nemý a hluchý duch, ja ti rozkazujem: Vyjdi z neho a už nikdy doň nevchádzaj!" (v 25). Zlý duch vyšiel z chlapca, ktorému sa vrátil sluch a reč. Pred touto scénou je iný príbeh, v ktorom otec priniesol svojho syna k Ježišových učeníkom, ale oni zlého ducha nedokázali vyhnať. To je preto, lebo „úroveň duchovného svetla" učeníkov a úroveň duchovného svetla Ježiša boli rôzne.

Čo teda musíme urobiť, ak chceme dosiahnuť Ježišovu úroveň duchovného svetla? V akejkoľvek skúške môžeme zvíťaziť, ak vytrvalo veríme v Boha, prekonávame zlo dobrom a milujeme dokonca aj nepriateľa. V dôsledku toho, akonáhle sú vaša dobrota, láska a spravodlivosť považované za pravé, ako u Ježiša, budete môcť vyhnať zlých duchov a uzdraviť všetky choroby a neduhy.

Požehnania pre nádoby krajšie ako drahokamy

Keď som v priebehu rokov kráčal cestou viery, tiež som

čelil nespočetným skúškam. Napríklad, kvôli obvineniam jedného televízneho programu pred pár rokmi som čelil skúške, ktorá bola taká bolestivá a trýznivá ako smrť. Zradili ma ľudia, ktorí skrze mňa získali milosť a mnoho ďalších, ktorých som už dlho považoval za moju najbližšiu rodinu.

Pre svetských ľudí som sa stal predmetom nedorozumenia a obvinenia, zatiaľ čo mnohí členovia Manminu trpeli a boli neprávom prenasledovaní. Ale spolu s členmi Manminu sme prekonali skúšky s dobrotou, a pretože sme všetko odovzdali Bohu, prosili sme Boha lásky a milosrdenstva, aby im odpustil.

Necítil som nenávisť ani som neopustil tých, ktorí odišli a cirkvi spôsobovali ťažkosti. Uprostred tejto mučivej skúšky som pevne veril, že ma môj Boh Otec miluje. To je to, čo mi pomohlo postaviť sa s dobrotou a láskou voči tým, ktorí mi spôsobovali zlo. Ako študent dostane uznanie za jeho tvrdú prácu a dobré známky pri skúške, keď moja viera, dobrota, láska a spravodlivosť dosiahli Božie uznanie, o to viac ma požehnal uskutočňovať Jeho moc. Po skúške mi otvoril dvere, ktorými som mal dokončiťsvetovú misiu. Boh pracuje takým spôsobom, že desiatky tisíc, stovky tisíc, a dokonca milióny ľudí, sa zhromažďujú na mojich zámorských svetových misiách a On je so mnou s Jeho mocou, ktorá presahuje čas a priestor.

Duchovné svetlo, ktorým nás Boh obklopuje je oveľa žiarivejšie a krajšie ako jas akéhokoľvek drahokamu tohto sveta. Tie deti, ktoré Boh obklopí duchovným svetlom, On považuje za nádoby krajšie ako drahokamy.

V mene nášho Pána Ježiša Krista sa modlím, aby každý z vás rýchlo dosiahol svätosť a stal sa nádobou, ktorá vyžaruje skúškami osvedčené duchovné svetlo a je krajšia ako drahokam, aby ste tak dostali čokoľvek, o čo prosíte a viedli požehnaný život!

Posolstvo č.4
Svetlo

1 Jn 1, 5

A toto je zvesť,
ktorú sme od neho počuli
a vám zvestujeme:
Boh je svetlo
a niet v ňom nijakej tmy.

Existuje mnoho druhov svetiel a každé z nich má vlastnú obdivuhodnú schopnosť. Predovšetkým rozjasňuje tmu, poskytuje teplo a zabíja škodlivé baktérie a plesne. So svetlom môžu prostredníctvom fotosyntézy rastliny udržať život.

Avšak, je tu fyzické svetlo, ktoré môžeme vidieť našimi očami a dotykom, a duchovné svetlo, ktoré nemôžeme vidieť ani sa ho dotknúť. Rovnako ako fyzické svetlo má mnoho schopností, aj duchovné svetlo má nezmerateľné množstvo schopností. Keď v noci zasvieti svetlo, tma sa ihneď vytratí.

A rovnako, keď duchovné svetlo zasvieti v našom živote, tým, že budeme chodiť v Božej láske a milosrdenstve, duchovná temnota rýchlo zmizne. Vzhľadom k tomu, že duchovná temnota je koreňom chorôb a problémov doma, v práci a vo vzťahoch, nemôžeme nájsť pravé pohodlie. Ale keď na naše životy zasvieti duchovné svetlo, problémy, ktoré siahajú nad hranicu ľudských vedomostí a zručností, budú vyriešené a všetky naše túžby splnené.

Duchovné svetlo

Čo je duchovné svetlo a ako funguje? V druhej polovici verša 1 Jn 1, 5 nájdeme: „Boh je svetlo, a niet v ňom nijakej tmy," a v Jn 1, 1: „to Slovo bolo Boh." Stručne povedané, „svetlo" neodkazuje len na samotného Boha, ale aj na Jeho slovo, ktoré je pravda, dobrota a láska. Pred stvorením všetkého Boh existoval v nekonečnom vesmíre sám a nemal žiadnu podobu. Ako spojenie svetla a hlasu Boh pokrýval celý vesmír. Úžasné, veľkolepé a krásne svetlo pokrývalo celý vesmír a z tohto svetla vychádzal elegantný, jasný a zvučný hlas.

Boh, ktorý existoval ako svetlo s hlasom, vymyslel prozreteľnosť kultivácie ľudstva, aby získal pravé deti. Potom na seba vzal podobu, rozdelil sa do Najsvätejšej Trojice a stvoril ľudstvo na svoj vlastný obraz. Avšak, podstatou Boha je stále svetlo s hlasom a On aj naďalej pôsobí cez svetlo s hlasom. Aj keď má podobu ľudskej bytosti, v tejto podobe sú aj svetlo a hlas Jeho nekonečnej moci.

V tomto duchovnom svetle sú okrem Božej moci aj ďalšie časti pravdy, vrátane lásky a dobroty. Šesťdesiatšesť kníh Biblie je zbierkou právd duchovného svetla, ktoré sú vyslovené hlasom. Inými slovami, „svetlo" sa vzťahuje na všetky príkazy a verše v Biblii o dobrote, spravodlivosti a láske, vrátane „Milujte sa navzájom," „Bez prestania sa modlite," „Dodržiavajte sviatočný deň," „Dodržiavajte Desatoro prikázaní, " a podobne.

Chodiť vo svetle, aby sme stretli Boha

Boh vládne nad svetom svetla a nepriateľ diabol a satan vládne nad svetom temnoty. Navyše, keďže nepriateľ diabol a satan je proti Bohu, ľudia žijúci vo svete temnoty, sa nemôžu s Bohom stretnúť. Preto, aby ste sa stretli s Bohom, mali všetky problémy v živote vyriešené a získavali odpovede, musíte rýchlo vyjsť zo sveta temnoty a vstúpiť do sveta svetla.

V Biblii nájdeme veľa „Rob" príkazov. Patria medzi ne aj „Milujte sa navzájom", „Navzájom si slúžte", „Modlite sa", „Vzdávajte vďaky", a podobne. Tiež sú tu aj „Dodržiavaj" príkazy, vrátane „Dodržiavajte sviatočný deň svätý", „Dodržiavajte Desatoro Božích prikázaní", „Dodržiavajte Božie príkazy", a podobne. Je tu tiež mnoho „Nerob" príkazov, vrátane „Neklamte", „Neprechovávajte nenávisť", „Nesnažte len svoje vlastné dobro", „Neuctievajte modly", „Nekradnite", "Nežiarlite", „Nezáviďte", „Neohovárajte", a podobne. Ďalej sú tu „Odhoď" príkazy, vrátane „Odhoďte všetky druhy zla", „Odhoďte závisť a žiarlivosť", „Odhoďte chamtivosť", a podobne.

Na jednej strane, dodržiavanie týchto Božích príkazov znamená žiť vo svetle, podobať sa nášmu Pánovi a podobať sa nášmu Bohu Otcovi. Na druhej strane, ak nerobíte to, čo vám Boh hovorí robiť, nedodržiavate to, čo vám hovorí dodržiavať, ak robíte to, čo vám hovorí nerobiť, a ak neodhodíte to, čo vám On hovorí odhodiť, aj naďalej budete v tme. Preto, pamätajúc na to, že neposlúchať Božie slovo znamená, že žijeme vo svete temnoty, ktorý je riadený nepriateľom diablom a satanom, musíme neustále žiť podľa Jeho slova a chodiť vo svetle.

Spoločenstvo s Bohom, keď chodíme vo svetle

Ako hovorí prvá polovica verša 1 Jn 1, 7: „Ale ak chodíme vo svetle ako je on vo svetle, máme spoločenstvo medzi sebou," iba vtedy, keď chodíme a prebývame vo svetle, môžeme povedať, že máme spoločenstvo s Bohom.

Rovnako ako aj medzi otcom a deťmi je spoločenstvo, aj my musíme mať spoločenstvo s Bohom, Otcom našich duchov. Avšak, aby sme si s Ním vytvorili spoločenstvo a udržali si ho, musíme splniť jednu požiadavku: odhodiť hriech kráčaním vo svetle. To je dôvod, prečo: „Ak hovoríme, že máme s ním spoločenstvo, ale chodíme vo tme, luháme a nekonáme pravdu" (1 Jn 1,6).

„Spoločenstvo" nie je jednostranné. Len preto, že viete, že niekto existuje, neznamená, že s ním máte spoločenstvo. Iba vtedy, keď sa obe strany zblížia natoľko, že sa poznajú, veria si, závisia na sebe a rozprávajú sa, bude medzi oboma stranami „spoločenstvo".

Väčšina z vás, napríklad, vie, kto je kráľom alebo prezidentom vašej krajiny. Bez ohľadu na to, ako veľa o prezidentovi viete, ak vás on nepozná, medzi vami a ním nie je žiadne spoločenstvo. Navyše, spoločenstvo má rôznu hĺbku. Dvaja ľudia môžu byť len známi, ďalší dvaja si môžu byť trochu bližší a z času na čas sa navzájom opýtajú, ako sa im darí, alebo zase ďalší dvaja môžu mať intímny vzťah, v ktorom sa delia aj o tie najhlbšie tajomstvá.

Je to rovnaké so spoločenstvom s Bohom. Aby bol náš vzťah s Ním skutočným spoločenstvom, Boh nás musí poznať a prijať nás. Ak s Bohom máme hlboký vzťah, nebudeme chorí ani slabí a nebude nič, na čo nedostaneme odpovede. Boh chce dať Jeho deťom len to najlepšie a v Dt

28 nám hovorí, že keď úplne nášho Boha poslúchame a starostlivo dodržiavame všetky Jeho prikázania, budeme požehnaní, keď budeme vchádzať aj vychádzať, budeme požičiavať, ale my si nebudeme požičiavať od nikoho a budeme hlavou, nie chvostom.

Otcovia viery, ktorí mali s Bohom skutočné spoločenstvo

Aké spoločenstvo mal s Bohom Dávid, ktorého Boh považoval za „muža podľa môjho srdca" (Sk 13, 22)? Dávid Boha miloval, bál sa Ho a za každých okolností na Ňom úplne závisel. Keď utekal pred Šaulom alebo išiel do boja, ako dieťa prosí rodičov o radu, aj Dávid sa vždy pýtal: „Mám ísť? Kam mám ísť?" a urobil tak, ako mu Boh prikázal. Navyše, Boh Dávidovi vždy dal mierne a podrobné odpovede, a pretože Dávid urobil to, čo mu Boh povedal, mohol dosiahnuť víťazstvo za víťazstvom (2 Sam 5, 19 - 25).

Dávid sa mohol tešiť z krásneho vzťahu s Bohom,

pretože vierou potešoval Boha. Napríklad, v ranej dobe panovania kráľa Šaula Filištínci napadli Izrael. Filištínci boli vedení Goliášom, ktorý sa vysmieval z vojska Izraela a rúhal sa a vzoprel Božiemu menu. Napriek tomu, nikto z izraelského tábora sa neodvážil Goliášovi vzoprieť. V tej dobe, aj keď bol Dávid ešte mládencom, postavil sa proti Goliášovi neozbrojený a iba s piatimi hladkými kameňmi z potoka, pretože veril vo všemohúceho Boha Izraela a v to, že boj patril Bohu (1 Sam 17). Boh pracoval tak, aby Dávid kameňom trafil Goliáša do čela. Keď Goliáš zomrel, karta sa obrátila a Izrael dosiahol úplné víťazstvo.

Pre jeho pevnú vieru bol Dávid Bohom vyhlásený za „muža podľa môjho srdca" a tak, ako sa otec a syn v intímnom vzťahu rozprávajú o všetkom, aj Dávid mohol všetko dosiahnuť s Bohom po jeho boku.

Biblia nám tiež hovorí, že Boh hovoril s Mojžišom tvárou v tvár. Napríklad, keď Mojžiš smelo požiadal Boha, aby mu ukázal jeho tvár, Boh mu chcel dať všetko, o čo žiadal (Ex 33, 18). Ako mohol mať Mojžiš s Bohom blízky a dôverný vzťah?

Keď Mojžiš vyviedol Izraelitov z Egypta, štyridsať dní sa postil a komunikoval s Bohom na vrchole hory Sinaj. Keď sa Mojžišov príchod oneskoril, Izraeliti si vytvorili modlu, ktorú by mohli uctievať. Keď to videl Boh, povedal Mojžišovi, že Izraelitov zničí a z Mojžiša urobí veľký národ (Ex 32, 10).

Na to Mojžiš prosil Boha: „Odlož svoj prudký hnev a maj zľutovanie nad nešťastím svojho ľudu!" (Ex 32, 12). Ďalší deň prosil Boha znovu: „Ach, tento ľud sa dopustil veľkej viny, veď si urobil boha zo zlata. A teraz alebo im odpusť ich previnenie, alebo ak nie, vytri ma zo svojej knihy, ktorú si napísal!" (Ex 32, 31 - 32) Aké sú to úžasné a vrúcne modlitby lásky!

Ďalej v Nm 12, 3 nájdeme: „Kým Mojžiš bol veľmi tichý muž, (tichší) ako všetci ostatní ľudia na svete." Nm 12, 7 hovorí: „No nie tak s mojím služobníkom, Mojžišom! On je v celom mojom dome najvernejší." Mojžiš mohol byť s jeho veľkou láskou a pokorným srdcom verný v celom Jeho dome a tešiť sa z intímneho vzťahu s Bohom.

Požehnania pre ľudí, ktorí chodia vo svetle

Ježiš, ktorý prišiel na svet ako svetlo sveta, učil iba pravdu a evanjelium neba. Ľudia v zajatí tmy, ktorí patrili nepriateľovi diablovi, nedokázali pochopiť svetlo, aj keď im bolo vysvetľované. Ľudia vo svete temnoty nedokázali prijať svetlo alebo získať spasenie, ale namiesto toho kráčali po ceste skazy.

Skrze svetlo pravdy ľudia s dobrým srdcom vidia ich hriechy, konajú pokánie a získavajú spasenie. Nasledovaním túžob Ducha Svätého tiež denne rodia ducha a chodia vo svetle. Nedostatok múdrosti alebo schopnosti už pre nich nie je problém. Nadviažu komunikáciu s Bohom, ktorý je svetlo a získajú hlas a vedenie Ducha Svätého. Potom sa im vo všetkom bude dariť a z neba získajú múdrosť. Aj keď majú problémy, ktoré sú zamotané ako pavučina, nič ich nemôže odradiť od riešenia problémov a žiadne prekážky im nemôžu zatarasiť cestu, pretože Duch Svätý bude osobne viesť každý ich krok.

Ako nás nabáda 1 Kor 3, 18: „Nech nik neklame sám seba. Ak si niekto z vás myslí, že je v tomto veku múdry, nech sa stane bláznom, aby bol múdry," musíme si uvedomiť, že múdrosť sveta je v Božích očiach pochabá.

Navyše, ako hovorí Jak 3, 17: „Múdrosť, ktorá je zhora, je predovšetkým cudná, potom upokojujúca, skromná, zmierlivá, plná milosrdenstva a dobrého ovocia, nepochybujúca a bez pretvárky." Keď dosiahneme svätosť a vojdeme do svetla, zostúpi na nás múdrosť z neba. Keď chodíme vo svetle, tiež dosiahneme úroveň, na ktorej budeme šťastní, aj keď budeme mať v niečom nedostatok a nebudeme mať pocit, že by nám niečo chýbalo, aj keď v skutočnosti nedostatok budeme mať.

Apoštol Pavol vyznáva vo Flp 4, 11: „Nehovorím to preto, že by som mal nedostatok. Naučil som sa vystačiť s tým, čo mám." Z rovnakého dôvodu, ak chodíme vo svetle, dosiahneme Boží pokoj, a tak z nás začne vyžarovať pokoj a radosť a budeme nimi pretekať. Ľudia, ktorí sú s ostatnými v mieri, nebudú sa hádať ani nebudú nepriateľskí voči ich rodine. Naopak, keďže ich srdce preteká láskou a milosťou, ich ústa neprestajne vzdávajú vďaku.

Okrem toho, keď chodíme vo svetle a podobáme sa na Boha, ako hovorí 3 Jn 1, 2: „Milovaný, prajem ti, aby sa ti vo všetkom darilo a aby si bol zdravý - tak ako sa darí tvojej duši," určite dostaneme nielen požehnanie prosperity vo všetkom, ale aj právomoci, schopnosti a moc Boha, ktorý je svetlo.

Potom, čo sa Pavol stretol s Pánom a začal kráčať vo svetle, Boh mu umožnil uskutočňovať ohromujúcu moc ako apoštolovi pohanov. Aj keď Štefan alebo Filip neboli proroci alebo Ježišovými učeníkmi, aj napriek tomu cez nich Boh pracoval. V Sk 6, 8 vidíme: „Štefan plný milosti a sily, robil veľké divy a znamenia medzi ľudom." V Sk 8, 6 - 7 nájdeme: „Zástupy pozorne a jednomyseľne sledovali, čo Filip hovorí, pretože počuli i videli, že robí znamenia. Lebo z mnohých posadnutých vychádzali s veľkým krikom nečistí duchovia a mnohí ochrnutí a chromí ozdraveli."

Človek môže uskutočňovať Božiu moc do tej miery, do akej sa stane svätým tým, že kráča vo svetle a podobá sa Pánovi. Na svete doteraz žilo málo ľudí, ktorí uskutočňovali Božiu moc. Napriek tomu, dokonca aj medzi tými, ktorí uskutočňovali Jeho moc, veľkosť prejavenej moci sa líšila podľa toho, do akej miery sa daný človek podobal Bohu, ktorý je svetlo.

Žijem vo svetle?

Na získanie úžasného požehnania, ktoré je dávané ľuďom, ktorí chodia vo svetle, každý z nás musí najprv preskúmať sám seba a zistiť, či „žije vo svetle."

Aj keď nemáte konkrétne problémy, mali by ste preskúmať samých seba, či ste neviedli „vlažný" život v Kristovi, alebo ak ste nepočúvali Ducha Svätého a nenechali sa ním viesť. Ak áno, musíte sa prebudiť z tohto duchovného spánku.

Ak ste do určitej miery už odhodili zlo, nemali by ste byť spokojní; ako dieťa dozrieva v dospelého človeka, aj vy musíte dosiahnuť vieru otcov. S Bohom by ste mali mať hlboké a intímne spoločenstvo.

Ak bežíte smerom k svätosti, musíte objaviť aj tie najmenšie zvyšky zla a odstrániť ich aj s koreňmi. Čím väčšiu moc máte, a čím tvrdohlavejším sa stanete, na prvom mieste musíte vždy slúžiť ostatným a usilovať sa o ich záujmy. Keď ostatní ľudia, vrátane tých, ktorí sú menej ako vy, poukazujú na vaše chyby, musíte byť schopní venovať tomu pozornosť. Namiesto pociťovania hnevu, nepokoja a odcudzenia sa od tých, ktorí zišli z cesty človeka a konajú zlo, musíte byť schopní ich v láske a láskavosti tolerovať a ostro nimi pohnúť. Nesmiete nikoho odpísať ani nikým pohŕdať. Tiež by ste nemali ostatných ignorovať na základe svojej vlastnej spravodlivosti ani zničiť pokoj.

Preukázal som a dal viac lásky mladším, chudobnejším a slabším ľuďom. Rovnako ako rodičia, ktorí sa starajú viac o slabé a choré deti ako o tie zdravé, modlil som sa viac za ľudí v týchto situáciách, nikdy som ich neodpísal a z hĺbky srdca som sa im snažil slúžiť. Tí, ktorí chodia vo svetle, musia mať súcit aj s ľuďmi, ktorí im spôsobili veľkú krivdu, a namiesto odhalenia ich viny musia byť schopní im ich chyby odpustiť.

Ani pri vykonávaní Božieho diela sa nesmiete povyšovať alebo chváliť vlastnými zásluhami alebo úspechom, ale uznať úsilie druhých, s ktorými ste pracovali. Keď je ich úsilie uznané a získajú pochvalu, malo by vám to spôsobiť väčšie šťastie a radosť.

Viete si predstaviť, ako veľmi Boh miluje tie deti, ktorých srdce sa podobá na srdce nášho Pána? Ako Boh chodil s Henochom po dobu 300 rokov, On chodí s Jeho deťmi, ktoré sa na Neho podobajú. Navyše, dá im nielen požehnanie zdravia a vo všetkom úspech, ale aj Jeho moc, ktorou ich použije ako vzácne nádoby.

Preto sa v mene nášho Pána Ježiša Krista modlím, aby ste aj v prípade, že si myslíte, že máte vieru a milujete Boha, znova preskúmali, koľko vašej viery a lásky On skutočne uznáva a chodili vo svetle, aby váš život pretekal dôkazmi Jeho lásky a spoločenstva s Ním!

Posolstvo č.5
Moc svetla

1 Jn 1, 5

A toto je zvesť,
ktorú sme od neho počuli
a vám zvestujeme:
Boh je svetlo
a niet v ňom nijakej tmy.

V Biblii je mnoho príkladov, kedy veľa ľudí získalo spásu, uzdravenie a odpovede prostredníctvom skutočne ohromujúcich diel Božej moci prejavenej Jeho Synom Ježišom. Keď Ježiš vydal príkaz, všetky druhy chorôb boli okamžite uzdravené, slabosti odstránené a telo obnovené.

Slepí videli, nemí začali hovoriť a hluchí počuť. Muž s vyschnutou rukou bol uzdravený, chromí začali znova chodiť a nevládni boli uzdravení. Okrem toho, zlí duchovia boli vyháňaní a mŕtvi vzkriesení.

Tieto ohromujúce diela Božej moci sa uskutočnili nielen cez Ježiša, ale aj cez mnohých prorokov starozákonnej doby a apoštolov novozákonnej doby. Samozrejme, že Ježišov prejav Božej moci sa nedá porovnať s mocou uskutočňovanou skrze prorokov a apoštolov. Ale ľuďom, ktorí sa podobali na Ježiša a na samotného Boha, On dal silu a použil ich ako Jeho nádoby. Boh, ktorý je svetlo, uskutočnil Jeho moc prostredníctvom diakonov ako Štefan a Filip, pretože sa kráčaním vo svetle a podobaním sa na

Pána stali svätými.

Apoštol Pavol uskutočňoval veľkú moc, a preto bol považovaný za "boha"

Zo všetkých ľudí Nového zákona je uskutočňovanie Božej moci apoštolom Pavlom na druhom mieste, hneď po Ježišovi. Kázal evanjelium pohanom, ktorí nepoznali Boha, ako aj posolstvá moci, ktoré boli sprevádzané znameniami a zázrakmi. S týmto druhom moci Pavol svedčil o Bohu - pravom Bohu - a o Ježišovi Kristovi.

Vychádzajúc zo skutočnosti, že modloslužobníctvo a čarodejníctvo bolo v tom čase nekontrolovateľné, museli tam byť nejakí pohania, ktorí klamali ostatných. Šírenie evanjelia takýmto ľuďom si vyžadovalo uskutočňovanie diel Božej moci, ktorá zďaleka prekonávala moc falošného zaklínania a diela zlých duchov (Rim 15, 18 - 19).

Sk 14, 8 a ďalej opisujú scénu, v ktorej apoštol Pavol kázal evanjelium v oblasti zvanej Lystre. Keď Pavol prikázal človeku, ktorý bol celý život chromý: „"Postav sa rovno na nohy!" A on vyskočil a chodil."" (Sk 14, 10). Keď to ľudia videli, vyznali: „Zostúpili k nám bohovia v ľudskej podobe." (Sk 14, 11). V Sk 28 je scéna, v ktorej apoštol Pavol po stroskotaní prišiel na ostrov Malta. Keď zhromaždil raždie a urobil oheň, uhryzla ho do ruky zmija vyhnaná teplom. Keď to ostrovania videli, očakávali, že opuchne alebo zomrie, ale keď sa Pavlovi nič nestalo, ľudia hovorili, že je boh (v 6).

Apoštol Pavol mal srdce, ktoré bolo v Božích očiach správne, preto mohol uskutočniť dielo Jeho moci, aj keď bol ľuďmi nazvaný „boh".

Moc Boha, ktorý je svetlo

Moc je dávaná nie preto, že niekto po nej túži; je dávaná len tým, ktorí sa podobajú Bohu a dosiahli úplnú svätosť. Dokonca aj dnes Boh hľadá ľudí, ktorým môže dať Jeho moc a použiť ich ako nádoby slávy. To je dôvod, prečo nám Mk 16, 20 pripomína: „Oni sa rozišli a všade kázali. Pán im pomáhal a ich slová potvrdzoval znameniami, ktoré ich sprevádzali." Ježiš tiež povedal v Jn 4, 48: „Ak nevidíte znamenia a divy, neveríte."

Viesť nespočetné množstvo ľudí k spáse volá po moci z neba, ktorá môže uskutočniť znamenia a zázraky svedčiace o živom Bohu. V dobe, kedy sú hriechy a zlo veľmi rozšírené, znamenia a zázraky sú oveľa potrebnejšie.

Keď chodíme vo svetle a staneme sa jedným duchom s naším Bohom Otcom, môžeme mať takú veľkú moc ako Ježiš. Dôvodom je prisľúbenie nášho Pána: „Veru, veru, hovorím vám: Aj ten, kto verí vo mňa, bude konať skutky, aké ja konám, ba bude konať ešte väčšie, lebo ja idem k Otcovi." (Jn 14, 12).

Ak niekto uskutočňuje druh moci duchovnej ríše, ktorá je možná iba Bohom, potom je Bohom uznaný. Ako nám hovorí Ž 62, 11: „Raz prehovoril Boh, dvakrát som toto počul: že Boh je mocný," nepriateľ diabol a satan nemôžu uskutočňovať druh moci, ktorá patrí Bohu. Ale sú to duchovné bytosti, ktoré majú vynikajúcu moc oklamať ľudí a donútiť ich oponovať Bohu. Jedna skutočnosť je však istá: žiadna iná bytosť nemôže napodobniť Božiu moc, ktorá ovláda život, smrť, požehnanie, prekliatie a históriu ľudstva a vytvára niečo z ničoho. Moc patrí do ríše Boha, ktorý je svetlo, a môžu ju uskutočniť len tí, ktorí dosiahli svätosť a mieru viery Ježiša Krista.

Rozdiely medzi Božou právomocou, schopnosťou a mocou

Pri vymenovaní alebo odkazovaní na schopnosť Boha, mnoho ľudí spája právomoc so schopnosťou alebo schopnosť s mocou, avšak, medzi týmito tromi výrazmi je jasný rozdiel.

„Schopnosť" je moc viery, ktorou je niečo, čo je človekom nemožné, možné iba Bohom. „Právomoc" je vážna, dôstojná a majestátna moc, ktorú Boh ustanovil a v duchovnej ríši je mocou stav bezhriešnosti. Inými slovami, právomoc je samotná svätosť a tie Božie deti, ktoré sa posvätili a dôkladne sa zbavili zla a nepravdy v ich srdciach, môžu túto duchovnú právomoc dostať.

Čo je teda „moc"? Odkazuje na schopnosť a právomoc Boha, ktorý ich prepožičiava tým ľuďom, ktorí sa vyhli každému druhu zla a stali sa svätými.

Vezmime si príklad. Ak vodič má „schopnosť" riadiť vozidlo, potom dopravný policajt, ktorý riadi prevádzku, má „právomoc" zastaviť všetky vozidlá. Táto právomoc - zastaviť a pustiť vozidlá - bola daná policajtovi vládou. Preto, aj keď vodič má „schopnosť" riadiť vozidlo, ale policajt mu naznačí, aby zastavil alebo pokračoval v ceste, pretože vodič nemá „právomoc" dopravného policajta, musí príkaz poslúchnuť.

Právomoc a schopnosť sa týmto spôsobom navzájom líšia a spojenie právomoci so schopnosťou nazývame mocou. V Mt 10, 1 nájdeme: „Zvolal svojich dvanástich učeníkov a dal im moc nad nečistými duchmi, aby ich vyháňali a uzdravovali každý neduh a každú chorobu." Moc spôsobuje, že „autorita" vyháňa zlých duchov a „schopnosť" uzdravuje všetky choroby a neduhy.

Rozdiel medzi darom uzdravovania a mocou

Tí, ktorí nepoznajú moc Boha, ktorý je svetlo, ju často

stotožňujú s darom uzdravovania. Dar uzdravovania sa v 1 Kor 12, 9 vzťahuje na dielo spaľujúce vírusové ochorenie. Toto dielo nemôže uzdraviť hluchotu ani nemotu, ktoré sú spôsobené degeneráciou telesných častí alebo odumretím nervových buniek. Takéto prípady ochorení a neduhov je možné uzdraviť iba Božou mocou a modlitbou viery, ktorá Ho potešuje. Navyše, zatiaľ čo moc Boha, ktorý je svetlo, sa prejavuje v každom okamihu, s darom uzdravovania to nie je isté.

Na jednej strane, Boh dáva dar uzdravovania bez ohľadu na mieru svätosti ľudských sŕdc tým ľuďom, ktorí ostatných veľmi milujú a modlia sa za nich a za ich duchov, a ktorých Boh považuje za odvážne a užitočné nádoby. Avšak, ak by dar uzdravovania nebol použitý na Božiu slávu, ale nevhodným spôsobom a pre vlastné výhody, Boh ho určite človeku odoberie.

Na druhej strane, Božia moc je dávaná iba tým ľuďom, ktorí dosiahli svätosť srdca, a ak je raz daná, nikdy nezoslabne ani sa nevytratí, pretože človek, ktorý ju dostal, ju nikdy nepoužije pre vlastné výhody. Namiesto toho, čím viac sa podobá srdcu Pána, tým vyššiu úroveň moci mu Boh dá. Ak sa srdce a správanie človeka stane jedným s Pánom, môže uskutočniť aj dielo moci, ktoré vykonal sám Ježiš.

Božia moc sa prejavuje rôznymi spôsobmi. Dar uzdravovania nemôže uzdraviť vážne alebo zriedkavé choroby a je oveľa ťažšie uzdraviť ľudí s malou vierou. Avšak, mocou Boha, ktorý je svetlo, nič nie je nemožné. Keď pacient ponúkne hoci aj malé dôkazy jeho viery, uzdravenie Božou mocou sa uskutoční ihneď. Tu „viera" odkazuje na duchovnú vieru, ktorou človek verí z hĺbky srdca.

Štyri úrovne moci Boha, ktorý je svetlo

Skrze Ježiša Krista, ktorý je ten istý včera i dnes, každý, kto je v Božích očiach považovaný za vhodnú nádobu, bude uskutočňovať Jeho moc.

Existuje mnoho rôznych úrovní uskutočňovania Božej moci. Čím viac ducha dosiahnete, tým vyššiu úroveň moci získate. Ľudia, ktorých duchovné oči sú otvorené, môžu vidieť rôzne úrovne jasu svetiel v závislosti od rôznej úrovne

Plakal som vo dne aj v noci.
Bolelo ma viac,
keď sa na mňa ľudia pozerali
ako na „dieťa s AIDS."

Pán ma uzdravil.
Jeho mocou
a dal mi rodinný smiech.
Teraz som veľmi šťastný!

Esteban Junidka z Hondurasu, uzdravený z AIDS.

Božej moci. Ľudské bytosti môžu ako stvorenia uskutočňovať až štyri úrovne Božej moci.

Prvá úroveň moci je uskutočňovanie Božej moci červeným svetlom, ktoré ničí skrze oheň Ducha Svätého

Oheň Ducha Svätého vytryskne z prvej úrovne moci, ktorá sa uskutočňuje červeným svetlom a spáli a uzdraví choroby, vrátane choroboplodných zárodkov a vírusových ochorení. Môže vyliečiť rôzne choroby, vrátane rakoviny, ochorenia pľúc, cukrovky, leukémie, ochorenia obličiek, artritídy, srdcových ťažkostí a AIDS. To ale neznamená, že všetky vyššie uvedené choroby môžu byť uzdravené prvou úrovňou moci. Pre tých, ktorí už prekročili hranicu životnosti, ktorú im Boh určil, ako napríklad, posledná fáza rakoviny alebo ochorenia pľúc, prvá úroveň moci nestačí.

Obnova častí tela, ktoré boli poškodené alebo poriadne nefungujú, si vyžaduje vyššiu moc, ktorá ich nielen uzdraví, ale obnoví aj časti tela. Aj v takom prípade miera pacientovej viery, ako aj miera viery jeho rodiny v láske k nemu, určia úroveň uskutočnenej Božej moci.

„Videl som svetlo...
Konečne som vyšiel zo
štrnásťročného tunela...
Už som si myslel, že nemám žiadnu nádej,
Ale mocou Pána som sa znovu narodil!"

Shama Masaz z Pakistanu, ktorá bola vyslobodená zo štrnásťročnej posadnutosti démonmi

Od založenia Manminskej centrálnej cirkvi sa tam uskutočnilo veľké množstvo diel prvej úrovne moci. Keď ľudia počúvali Božie slovo a prijali modlitbu, boli uzdravení z choroby každého druhu a závažnosti. Keď mi ľudia podali ruku, dotkli sa okraja môjho odevu, dostali modlitbu cez šatky, nad ktorými som sa modlil a modlitbu nahratú ako telefónnu správu na odkazovači, alebo keď som sa modlil nad fotografiami pacientov, boli sme svedkami Božieho uzdravovania.

Diela na prvej úrovni moci nie sú obmedzené na zničenie ohňom Ducha Svätého. Aj v jedinom okamihu, kedy sa človek vo viere modlí a je inšpirovaný, ovplyvnený a naplnený Duchom Svätým, môže uskutočniť aj väčšie dielo Božej moci. Ale je to len dočasný jav, ku ktorému dochádza iba vtedy, keď je to Jeho vôľa, a nie je to dôkaz Božej moci získanej natrvalo.

Druhá úroveň moci je uskutočnenie Božej moci modrým svetlom

Mal 4, 2 nám hovorí: „Vám však, ktorí sa bojíte môjho

mena, vyjde slnko spravodlivosti, ktoré má na krídlach uzdravenie. Vtedy vyjdete a budete poskakovať ako teliatka z maštale!" Ľudia, ktorých duchovné oči sú otvorené, môžu vidieť niečo ako laserové lúče svetla vychádzajúce z lúčov uzdravovania.

Druhá úroveň moci vyháňa tmu a oslobodzuje ľudí, ktorí sú posadnutí démonmi, riadení satanom a ovládaní rôznymi druhmi zlých duchov. Mnoho duševných chorôb spôsobených mocou temnoty, vrátane autizmu, nervového zrútenia a ďalších ochorení, sú druhou úrovňou moci uzdravené.

Týmto druhom chorôb možno predísť, ak sa budeme „neustále radovať" a „za všetko ďakovať". Ak namiesto toho, aby ste boli vždy radostní a za všetkých okolností ďakovali, nenávidíte ostatných, prechovávate zlé pocity, myslíte negatívne a ľahko sa nahneváte, potom budete náchylnejší na tieto choroby. Ak sú sily satana, ktoré vedú človeka k zlým myšlienkam a k zlému srdcu, zahnané, všetky tieto duševné choroby budú uzdravené.

Z času na čas sú druhou úrovňou Božej moci uzdravené

fyzické choroby a neduhy. Tieto choroby a neduhy, ktoré sú dielami démonov a diablov, sú uzdravené svetlom druhej úrovne Božej moci. „Neduhy" sa tu vzťahujú na degeneráciu a ochrnutie častí tela, ako je to v prípade nemých, hluchých, zmrzačených, slepých, ochrnutých ľudí od narodenia, a podobne.

Mk 9, 14 a ďalšie verše opisujú scénu, v ktorej Ježiš vyhnal z chlapca „hluchonemého ducha" (v 25). Tento chlapec sa stal hluchonemým, pretože v ňom bol zlý duch. Keď Ježiš vyhnal ducha, chlapec bol okamžite uzdravený.

Z rovnakého dôvodu, keď je príčinou choroby sila temnoty, vrátane démonov, zlí duchovia musia byť vyhnaní, aby bol pacient uzdravený. Ak má človek ťažkosti s tráviacim systémom ako výsledok nervového zrútenia, musí sa vykoreniť príčina vyhnaním sily satana. Aj také ochorenia ako ochrnutie a artritída sú výsledkom diel sily a zvyškov temnoty. Niekedy, aj keď lekári nedokážu zistiť žiadne fyzické poruchy, ľudia tu a tam trpia bolesťou. Keď sa modlím za každého, kto týmto spôsobom trpí, niektorí ľudia, ktorých duchovné oči sú otvorené, často vidia ako

„Och, Bože! Ako je to možné? Ako je možné, že znova chodím?"

Stará žena z Kene začala po modlitbe z kazateľnice znova chodiť

pacientovo telo opúšťa sila temnoty v podobe ohavných zvierat.

Okrem síl temnoty spôsobujúcich choroby a neduhy, druhá úroveň moci Boha, ktorý je svetlo, môže vyhnať aj sily temnoty nachádzajúce sa doma a v práci. Ak človek, ktorý môže uskutočňovať druhú úroveň Božej moci, navštívi ľudí, ktorí trpia v dôsledku prenasledovania doma a majú problémy v práci a podnikaní, temnota je vyhnaná, obklopí ich svetlo a zostúpi na nich požehnanie podľa ich skutkov.

Vzkriesenie mŕtvych alebo ukončenie života podľa Božej vôle je tiež dielom druhej úrovne Božej moci. Nasledujúce príklady spadajú do tejto kategórie: vzkriesenie Eutychusa apoštolom Pavlom (Sk 20, 9 - 12); Ananiášovo a Zafirino podvedenie apoštola Petra a ich následné prekliatie, ktoré vyústilo do ich smrti (Sk 5, 1 - 11) a Elizeovo prekliatie detí, ktoré tiež skončilo ich smrťou (2 Kr 2, 23 - 24).

Avšak, medzi dielami Ježiša a dielami apoštola Petra, Pavla a proroka Elizea sú zásadné rozdiely. Boh ako Pán všetkých duchov musel rozhodnúť, či niekto bude žiť alebo zomrie. Ale pretože Ježiš a Boh sú jedno a to isté, čo si želal

„Dokonca ani ja sám som sa nechcel pozerať
na moje telo, ktoré bolo celé spálené...

Keď som bol sám,
prišiel ku mne On,
natiahol Jeho ruky
a posadil si ma po Jeho boku.

Jeho láskou a oddanosťou
som získal nový život.
Neexistuje nič,
čo by som pre Pána neurobil."

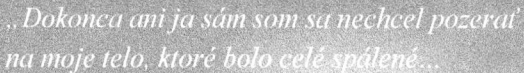

Staršia diakonka Eundeuk Kim, ktorá bola
uzdravená z popálenín III. stupňa celého tela

Ježiš, bolo to, čo si želal Boh. To je dôvod, prečo Ježiš mohol kriesiť mŕtvych len prikázaním Jeho slovom (Jn 11, 43 - 44), zatiaľ čo ostatní apoštoli a proroci sa museli pýtať na Božiu vôľu a Jeho schválenie na vzkriesenie daného človeka.

Tretia úroveň moci je uskutočnenie Božej moci bielym alebo bezfarebným svetlom a je sprevádzaná všetkými druhmi znamení a diel stvorenia

Na tretej úrovni moci Boha, ktorý je svetlo, sa uskutočňujú všetky druhy znamení, rovnako ako aj dielo stvorenia. „Znamenia" sa tu vzťahujú na uzdravenie, skrze ktoré slepí vidia, nemí hovoria a hluchí počujú. Postihnutí vstávajú a chodia, skrátené nohy sú predĺžené a detská obrna alebo mozgová obrna sú úplne uzdravené. Vrodené zdeformované alebo úplne zdegenerované časti tela sú obnovené. Zničené kosti sú obnovené, chýbajúce kosti sú vytvorené, krátke jazyky rastú a šľachy sú znova spojené. Navyše, pretože svetlá prvej, druhej a tretej úrovne Božej moci sa na tretej úrovni prejavujú súčasne podľa potreby, žiadna choroba a neduh nepredstavujú problém.

Aj keď je niekto spálený od hlavy po päty a jeho bunky a svaly sú úplne spálené, alebo aj keď je telo oparené vriacou vodou, Boh to všetko môže znova vytvoriť. Pretože Boh môže vytvoriť niečo z ničoho, On môže obnoviť nielen neživé objekty, ako sú stroje, ale aj poškodené časti ľudského tela.

V Manminskej centrálnej cirkvi sú prostredníctvom modlitby cez šatku alebo modlitby nahratej ako telefónnej správy na odkazovači obnovované vnútorné orgány, ktoré nefungujú správne alebo sú vážne poškodené. Na tretej úrovni Božej moci sa neustále uskutočňujú diela moci stvorenia, keď sú extrémne poškodené pľúca uzdravené a obličky a pečeň čakajúce na transplantáciu sú obnovené.

Je tu však jeden faktor, ktorý je odlíšiteľný. Na jednej strane, v prípade, že sa obnovia funkcie časti tela, ktoré boli slabé, je to dielo prvej úrovne Božej moci. Na druhej strane, ak je obnovená funkcia časti tela, ktorá nemala žiadnu šancu na uzdravenie alebo obnovenie, je to dielo tretej úrovne Božej moci, moci stvorenia.

Štvrtá úroveň moci je uskutočnenie Božej moci zlatým svetlom a je to naplnenie moci

Na základe diel moci uskutočňovaných Ježišom môžeme povedať, že štvrtá úroveň moci riadi všetky veci, vládne nad počasím, a dokonca prikazuje poslúchať aj neživým veciam. Keď Ježiš v Mt 21, 19 preklial figovník, vidíme: „A figovník hneď vyschol." V Mt 8, 23 a ďalej je scéna, v ktorej Ježiš prikázal vetrom a vlnám, a hneď sa upokojili. Dokonca aj príroda a také neživé objekty ako vietor a more poslúchli, keď im Ježiš prikázal.

Ježiš raz povedal Petrovi, aby išiel na šíre more a rozhodil siete na lov rýb. Keď Peter poslúchol, chytil také množstvo rýb, že jeho siete sa začali trhať (Lk 5, 4 - 6). Inokedy zase Ježiš povedal Petrovi: „choď k moru, hoď udicu a rybu, ktorá sa chytí prvá, vezmi, otvor jej ústa a nájdeš statér. Vezmi ho a daj im za mňa i za seba." (Mt 17, 24 - 27).

Pretože Boh stvoril všetky veci vo vesmíre Jeho slovom, keď Ježiš niečo vesmíru prikázal, poslúchol Ho a stalo sa podľa Jeho slova. A teda, akonáhle máme pravú vieru,

"Je to taká hrozná bolesť...
Je to taká hrozná bolesť,
že nedokážem ani oči otvoriť...
Nikto nevedel, ako sa cítim,
ale Pán to vždy vedel
a uzdravil ma."

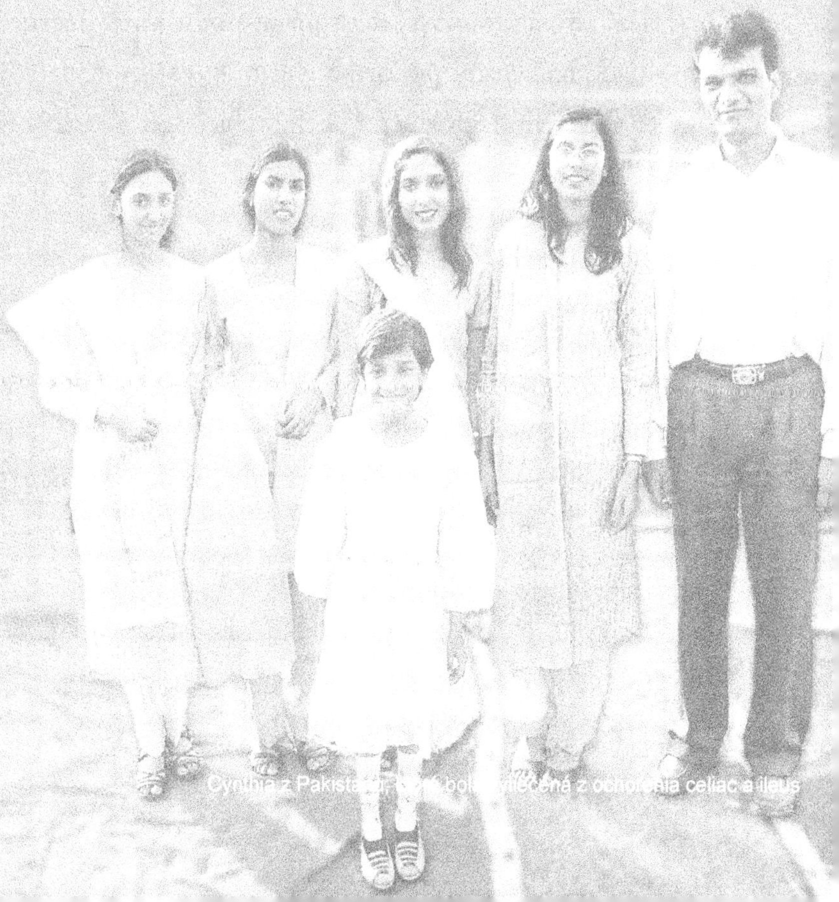

Cynthia z Pakistanu, bola vyliečená z ochorenia celiac a ileus

budeme si istí tým, v čo dúfame a tým, čo nevidíme (Hebr 11, 1) a uskutočnia sa diela moci, ktorá tvorí všetko z ničoho.

Navyše, na štvrtej úrovni Božej moci sa dielo uskutoční presahujúc čas a priestor

Niektoré z Ježišových prejavov Božej moci prekročili čas a priestor. V Mk 7, 24 a ďalej je scéna, v ktorej žena prosila Ježiša, aby uzdravil jej démonom posadnutú dcéru. Pri pohľade na ženinu pokoru a vieru jej Ježiš povedal: „Pre tieto slová choď, zlý duch vyšiel z tvojej dcéry." (v 29) Keď sa žena vrátila domov, našla jej dieťa ležať v posteli a démon už bol preč.

Aj keď Ježiš nenavštívil všetkých chorých osobne, keď videl vieru chorých a vydal príkaz, došlo k uzdraveniu presahujúcemu čas a priestor.

Aj Ježišova chôdza po vode, ktorá je dielom uskutočneným Ním samým, tiež svedčí o tom, že všetko vo vesmíre patrí pod Ježišovu právomoc.

Navyše, Ježiš nám v Jn 14, 12 hovorí: „Veru, veru,

hovorím vám: Aj ten, kto verí vo mňa, bude konať skutky, aké ja konám, ba bude konať ešte väčšie, lebo ja idem k Otcovi." Ako nás ubezpečil, aj dnes sa uskutočňuje skutočne ohromujúce dielo Božej moci v Manminkej centrálnej cirkvi.

Napríklad, dochádza k rôznym zázrakom v zmene počasia. Keď sa modlím, prudký dážď ihneď prestane, veľmi temný oblak ustúpi a jasná obloha je v okamihu plná oblakov. Tiež dochádza k nespočetnému množstvu prípadov, kedy aj neživé objekty poslúchajú moju modlitbu. Aj v prípade život ohrozujúcej otravy oxidom uhoľnatým, minútu alebo dve po vydaní príkazu sa osoba, ktorá bola v bezvedomí, prebrala a netrpela žiadnymi vedľajšími účinkami. Keď som sa modlil za človeka trpiaceho popáleninami tretieho stupňa slovami: „Pocity pálenia, straťte sa," daný človek už netrpel žiadnou bolesťou.

Okrem toho, dielo Božej moci, ktorá presahuje čas a priestor, sa uskutočňuje častejšie a vo väčšej miere. Obzvlášť pozoruhodný je prípad Cynthie, dcéry reverenda Wilsona Johna Gila, staršieho pastora Manminskej cirkvi v

Pakistane. Keď som sa v Soule v Kórei modlil za Cynthiu cez jej fotografiu, dievča, nad ktorým už lekári vzdali všetky nádeje, sa rýchlo uzdravilo vo chvíli, keď som sa za ňu modlil tisíce kilometrov vzdialený.

Moc uzdravovať choroby na štvrtej úrovni moci vyháňa sily temnoty, uskutočňuje znamenia a zázraky a všetkému prikazuje poslúchať – uskutočňujú sa spojené diela prvej, druhej, tretej a štvrtej úrovne moci.

Najvyššia moc stvorenia

Biblia zaznamenáva Ježišove prejavy moci, ktoré sú nad štvrtou úrovňou moci. Táto úroveň moci, najvyššia moc, patrí Stvoriteľovi. Táto moc sa neuskutočňuje na rovnakej úrovni, na akej uskutočňujú moc ľudia. Ale pochádza z pôvodného svetla, ktoré svietilo, keď Boh existoval sám.

V Jn 11 Ježiš prikázal Lazárovi, ktorý bol už štyri dni mŕtvy, a ktorého telo už veľmi zapáchalo: „"Lazár, poď von!" A mŕtvy vyšiel. Nohy a ruky mal ovinuté plátnom a tvár obviazanú šatkou." (v 43 - 44).

Keď už človek odstránil každý druh zla, stal sa svätým,

podobal sa srdcu Jeho Boha Otca a stal sa celým duchom, vstúpi do duchovnej ríše. Čím viac rozširuje poznanie o duchovnej ríši, tým vyššie nad štvrtou úrovňou uskutočňuje Božiu moc.

Vtedy dosiahne úroveň moci, ktorá môže byť uskutočnená iba Božstvom a je najvyššou mocou stvorenia. Keď to človek úplne dosiahne, potom tak, ako v čase, keď Boh Jeho príkazom stvoril všetko, čo je vo vesmíre, aj on bude uskutočňovať obdivuhodné dielo stvorenia. Napríklad, keď slepému človeku prikáže: „Otvor oči," oči slepca sa okamžite otvoria. Keď prikáže nemému človeku: „Hovor!" nemý človek začne v okamihu hovoriť. Keď prikáže mrzákovi: „Vstaň," mrzák bude chodiť a behať. Na jeho príkaz budú jazvy a časti tela, ktoré sa rozpadávali, opäť obnovené.

Toho sa stane svetlom a hlasom Boha, ktorý existoval ako svetlo a hlas už pred začiatkom vekov. Keď je neobmedzená moc stvorenia vo svetle tlačená vpred hlasom, svetlo zostúpi a uskutoční sa dielo. Toto je spôsob pre ľudí, ktorí sa dostali až za hranice života, ktoré Boh vytýčil, a budú uzdravené choroby a neduhy, ktoré nemôžu byť uzdravené prvou, druhou alebo treťou úrovňou moci.

Získať moc Boha, ktorý je svetlo

Ako sa môžeme podobať srdcu Boha, ktorý je svetlo, získať Jeho moc a viesť nespočetné množstvo ľudí na cestu spásy?

Po prvé, musíme sa nielen vyhnúť každému druhu zla a dosiahnuť svätosť, ale tiež dosiahnuť dobrotu srdca a túžiť po najvyššej dobrote

Ak neprechovávate žiadne zlé alebo nepríjemné pocity voči niekomu, kto vám spôsobil v živote veľké ťažkosti alebo vám ublížil, mohlo by byť o vás vyhlásené, že ste dosiahli dobrotu srdca? Nie, nie je to tak. Aj keď v srdci nemáte žiadne nepríjemné pocity a vy čakáte a všetko znášate, v Božích očiach je to len prvý krok k dobrote.

Na vyššej úrovni dobroty bude človek hovoriť a správať sa takým spôsobom, aby pohol ľuďmi, ktorí robia jeho život ťažkým alebo mu ubližujú. Na najvyššej úrovni dobroty, ktorá potešuje Boha, človek musí byť schopný pre dobro nepriateľa vzdať sa aj vlastného života. Ježiš dokázal odpustiť ľuďom, ktorí Ho prenasledovali a pre nich sa slobodne vzdať vlastného života, pretože On mal najvyššiu dobrotu. Aj Mojžiš a apoštol Pavol boli ochotní dať vlastný život za ľudí, ktorí sa ich snažili zabiť.

Keď sa Boh chystal zničiť ľudí Izraela, ktorí sa postavili proti Nemu modloslužobníctvom, sťažovali sa a boli na Neho nahnevaní, aj napriek tomu, že boli svedkami veľkých divov a zázrakov, ako reagoval Mojžiš? On horlivo prosil Boha: „A teraz alebo im odpusť ich previnenie, alebo ak nie, vytri ma zo svojej knihy, ktorú si napísal!" (Ex 32, 32) Apoštol Pavol bol rovnaký. Ako vyznal v Rim 9, 3: „Radšej by som bol ja zavrhnutý od Krista namiesto svojich bratov, mojich príbuzných podľa tela." Pavol dosiahol najvyššiu dobrotu, a preto ho vždy sprevádzali úžasné diela Božej moci.

Po ďalšie, musíme dosiahnuť duchovnú lásku

Láska v dnešnej dobe dosť chýba. Hoci si mnoho ľudí

navzájom hovorí: „Milujem ťa", s odstupom času vidíme, že väčšina tejto „lásky" je telesná láska, ktorá sa mení. Božia láska je duchovná láska, ktorá je každý deň rovnaká a je podrobne opísaná v 1 Kor 13.

Po prvé, „Láska je trpezlivá [a] láska je dobrotivá; nežiarli." Náš Pán nám odpustil všetky naše hriechy a nedostatky a otvoril nám cestu spásy trpezlivo čakajúc aj na tých, ktorým nemôže byť odpustené. Ale aj keď vyznávame našu lásku k Pánovi, sme rýchli v odhaľovaní hriechov a nedostatkov našich bratov a sestier? Sme rýchli v súdení a odsudzovaní druhých, keď niečo alebo niekto nie je podľa našich predstáv? Žiarlime na niekoho, komu sa v život darí alebo sa cítime sklamaní?

Po ďalšie, láska „sa nevypína, nevystatuje sa" (v 5). Aj keď navonok vyzeráme, že oslavujeme Pána, ale máme srdce, ktorí túži byť ostatnými obdivované, túžime odhaliť samých seba a ignorovať alebo poučovať ostatných kvôli nášmu postaveniu alebo moci, znamenalo by to chvastanie a pýchu.

Navyše, láska „nie je nehanebná, nie je sebecká,

nerozčuľuje sa, nemyslí na zlé" (v 5). Naše hrubé správanie voči Bohu a ľuďom, naše vrtkavé srdce a myseľ, ktoré sa ľahko menia, naša snaha byť väčší aj na úkor druhých, naše ľahko vzniknuté zlé pocity, naše tendencie myslieť negatívne a zle o druhých, a podobne, nepredstavujú lásku.

Okrem toho, láska „sa neteší z neprávosti, ale raduje sa z pravdy" (v 6). Ak máme lásku, musíme vždy kráčať a radovať sa v pravde. Ako nám hovorí 3 Jn 1, 4: „Nemám väčšej radosti, ako keď počujem, že moje deti žijú v pravde," pravda musí byť zdrojom našej radosti a šťastia.

Nakoniec, láska „všetko znáša, všetko verí, všetko dúfa, všetko vydrží." (v 7). Tí, ktorí naozaj milujú Boha, spoznajú Božiu vôľu, a preto veria vo všetko. Keď sa ľudia tešia a vrúcne veria v návrat nášho Pána, vzkriesenie veriacich, nebeské odmeny, a podobne, dúfajú vo všetko v nebi, znášajú všetky ťažkosti a snažia sa plniť Jeho vôľu.

Aby ukázal dôkazy Jeho lásky ľuďom, ktorí nasledujú pravdu, ako je dobrota, láska, a podobne, podľa Biblie Boh, ktorý je svetlo, im dáva Jeho moc ako dar. Tiež sa túži stretnúť s tými ľuďmi a odpovedať na ich volanie, ktorí sa snažia chodiť vo svetle.

Preto sa v mene nášho Pána Ježiša Krista modlím, aby sa objavením samých seba a roztrhnutím si srdca, tí, ktorí chcú získať Božie požehnanie a odpovede, stali v Jeho očiach pripravenou nádobou a zažili Božiu moc!

Posolstvo č.6
Slepí vidia

Jn 9, 32 – 33

*Od vekov nebolo počuť,
že by bol niekto otvoril oči
slepému od narodenia.
Keby on nebol od Boha,
nemohol by nič také urobiť.*

Keď Ježišov učeník Peter dostal Ducha Svätého, v Sk 2, 22 prehovoril k Židom citovaním slov proroka Joela. „Mužovia, Izraeliti, počujte tieto slová: Boh u vás potvrdil muža, Ježiša Nazaretského, mocnými činmi divmi a znameniami, ktoré, ako sami viete, Boh skrze neho medzi vami urobil." Ježišove úžasné prejavy moci, znamenia a zázraky boli dôkazmi potvrdzujúcimi, že Ježiš, ktorého Židia ukrižovali, bol skutočne Mesiáš, ktorého príchod bol predpovedaný v Starom zákone.

Navyše, sám Peter začal uskutočňovať Božiu moc po tom, čo dostal Ducha Svätého a bol ním posilnený. Uzdravil chromého žobráka (Sk 3, 8), a ľudia dokonca vynášali chorých do ulíc a kládli ich na postele a lôžka, aby aspoň Petrov tieň padol na niektorých z nich, keď šiel okolo (Sk 5, 15).

Pretože moc je dôkaz, ktorý svedčí o Božej prítomnosti s človekom, ktorý túto moc uskutočňuje a je najistejším spôsobom, ako zasadiť semienko viery v srdciach neveriacich, Boh dal moc tým ľuďom, ktorých On uznal za vhodných.

Ježiš uzdravil od narodenia slepého človeka

Príbeh v Jn 9 začína tým, ako Ježiš na ceste stretol od narodenia slepého človeka. Ježišovi učeníci chceli vedieť, prečo sa človek narodil slepý. „Rabbi, kto zhrešil - on, alebo jeho rodičia - že sa narodil slepý?" (v 2) Ježiš im v odpovedi vysvetlil, že človek sa narodil slepý, aby sa na jeho živote mohlo uskutočniť Božie dielo (v 3). Potom napľul na zem, zo slín urobil blato, priložil ho na oči človeka a človeku od narodenia slepému prikázal: „Choď, umy sa v rybníku Siloe" (v 6 - 7). Keď ten človek ihneď poslúchol a umyl sa v rybníku Siloe, jeho oči sa otvorili.

I keď je v Biblii mnoho ďalších ľudí, ktorých Ježiš uzdravil, jeden dôvod odlišuje tohto od narodenia slepého človeka od všetkých ostatných. Človek neprosil Ježiša o uzdravenie, ale Ježiš prišiel k nemu a úplne ho uzdravil.

Prečo, teda, tento od narodenia slepý človek dostal takú

hojnú milosť?

Po prvé, človek bol poslušný

Pre obyčajného človeka nič z toho, čo Ježiš urobil - napľutie na zem, vytvorenie blata, priloženie blata na slepcove oči a príkaz, aby sa išiel umyť v rybníku Siloe - nedáva zmysel. Zdravý rozum neumožňuje takému človeku veriť, že oči od narodenia slepého človeka môžu byť otvorené použitím nejakého blata a umytím vo vode. Navyše, ak tento človek počul tento príkaz bez toho, aby vedel, kto bol Ježiš, on a väčšina ľudí by nielen neuverili, ale tiež by sa zrejme nahnevali. Ale toto nebol prípad tohto človeka. Keď mu Ježiš prikázal, on poslúchol a umyl si oči v rybníku Siloe. Nakoniec sa prekvapujúco jeho oči, ktoré boli od narodenia zatvorené, vtedy po prvýkrát otvorili a človek začal vidieť.

Ak si myslíte, že Božie slovo nesúhlasí so zdravým rozumom alebo skúsenosťami ľudí, skúste počúvať Jeho slovo s takým pokorným srdcom, ako tento od narodenia slepý človek. Potom na vás zostúpi Božia milosť, a tak, ako sa slepcove oči otvorili, aj vy zažijete niečo úžasné.

Po druhé, boli otvorené duchovné oči človeka od narodenia slepého, ktoré mohli odlíšiť pravdu od nepravdy

Z rozhovoru so Židmi po jeho uzdravení môžeme povedať, že zatiaľ čo slepcove oči boli fyzicky zatvorené, v dobrote srdca vedel rozlíšiť dobro a zlo. Naopak, Židia boli duchovne slepí, uväznení v pevných hraniciach zákona. Keď Židia žiadali podrobnosti o uzdravení, človek, ktorý bol slepý, smelo vyhlásil: „Človek, ktorý sa volá Ježiš, urobil blato, potrel mi oči a povedal mi: „Choď k Siloe a umy sa!" Šiel som teda, umyl som sa a - vidím." (v 11).

Keď sa Židia neveriacky vypytovali slepého: „Čo hovoríš o ňom ty? Veď tebe otvoril oči!?" On odpovedal: „Je to prorok." (v 17). Človek si myslel, že ak bol Ježiš dosť mocný na to, aby uzdravil slepotu, musel byť Božím človekom. Židia mu pohrozili: „Vzdaj Bohu slávu! My vieme, že ten človek je hriešnik." (v 24)

Ako nelogické je ich tvrdenie? Boh neodpovedá na

modlitbu hriešnika. Ani mu nedá moc otvoriť oči slepému a nedostane slávu. Aj keď tomu Židia nemohli uveriť ani to pochopiť, človek, ktorý bol slepý, pokračoval v odvážnych a pravdivých vyznaniach: „Vieme, že hriešnikov Boh nevyslyší; ale vyslyší toho, kto si Boha ctí a plní jeho vôľu. Od vekov nebolo počuť, že by bol niekto otvoril oči slepému od narodenia. Keby on nebol od Boha, nemohol by nič také urobiť." (v 31 - 33)

Keďze od stvorenia sveta neboli ešte žiadne slepé oči otvorené, každý, kto počul posolstvo tohto človeka, mal sa radoval a oslavovať s ním. Namiesto toho sa medzi Židmi začalo rodiť súdenie, odsúdenie a nepriateľstvo. Vzhľadom k tomu, že Židia boli príliš duchovne nevzdelaní, mysleli si, že Božie dielo bolo samotným skutkom proti Nemu. Ale Biblia nám hovorí, že len Boh môže otvoriť oči slepým.

Ž 146, 8 nám pripomína: „Pán otvára oči slepým, Pán dvíha skľúčených, Pán miluje spravodlivých," a Iz 29, 18 nám hovorí: „A v ten deň počujú hluchí slová knihy a z tmy a temnoty oči slepých prehliadnu." Iz 35, 5 nám tiež hovorí: „Vtedy sa roztvoria oči slepých a uši hluchých sa otvoria." „V ten deň" a „vtedy" odkazuje na čas, kedy prišiel Ježiš a otvoril oči slepým.

Aj napriek týmto pasážam a pripomenutiam Židia v ich pevnom presvedčení a zlobe nemohli uveriť, že Božie dielo sa uskutočnilo skrze Ježiša, a namiesto toho nazvali Ježiša hriešnikom, ktorý neposlúchol Božie slovo. Aj keď človek, ktorý bol slepý, nevedel o zákone veľa, s jeho dobrým svedomím poznal pravdu: že Boh nevyslyší hriešnikov. A tiež vedel, že uzdravenie slepých očí bolo možné iba Bohom.

Po tretie, po obdržaní Božej milosti človek, ktorý bol slepý, prišiel pred Pána a rozhodol sa viesť úplne nový život

Dodnes som bol v Manminskej centrálnej cirkvi svedkom mnohých prípadov, kedy ľudia na prahu smrti dostali silu a odpovede na všetky druhy problémov v ich živote. Nariekam však nad týmí ľuďmi, ktorých srdce sa nezmenilo ani potom, čo dostali Božiu milosť a nad ďalšími, ktorí opustili vieru a vrátili sa na svetskú cestu. Keď sú v bolesti a utrpení, títo ľudia prichádzajú a modlia sa so slzami: „Akonáhle budem uzdravený, budem žiť len pre

*„Mami,
je to také oslepujúce...
vidím prvýkrát svetlo...
Nikdy som si nemyslela,
že sa to niekedy stane..."*

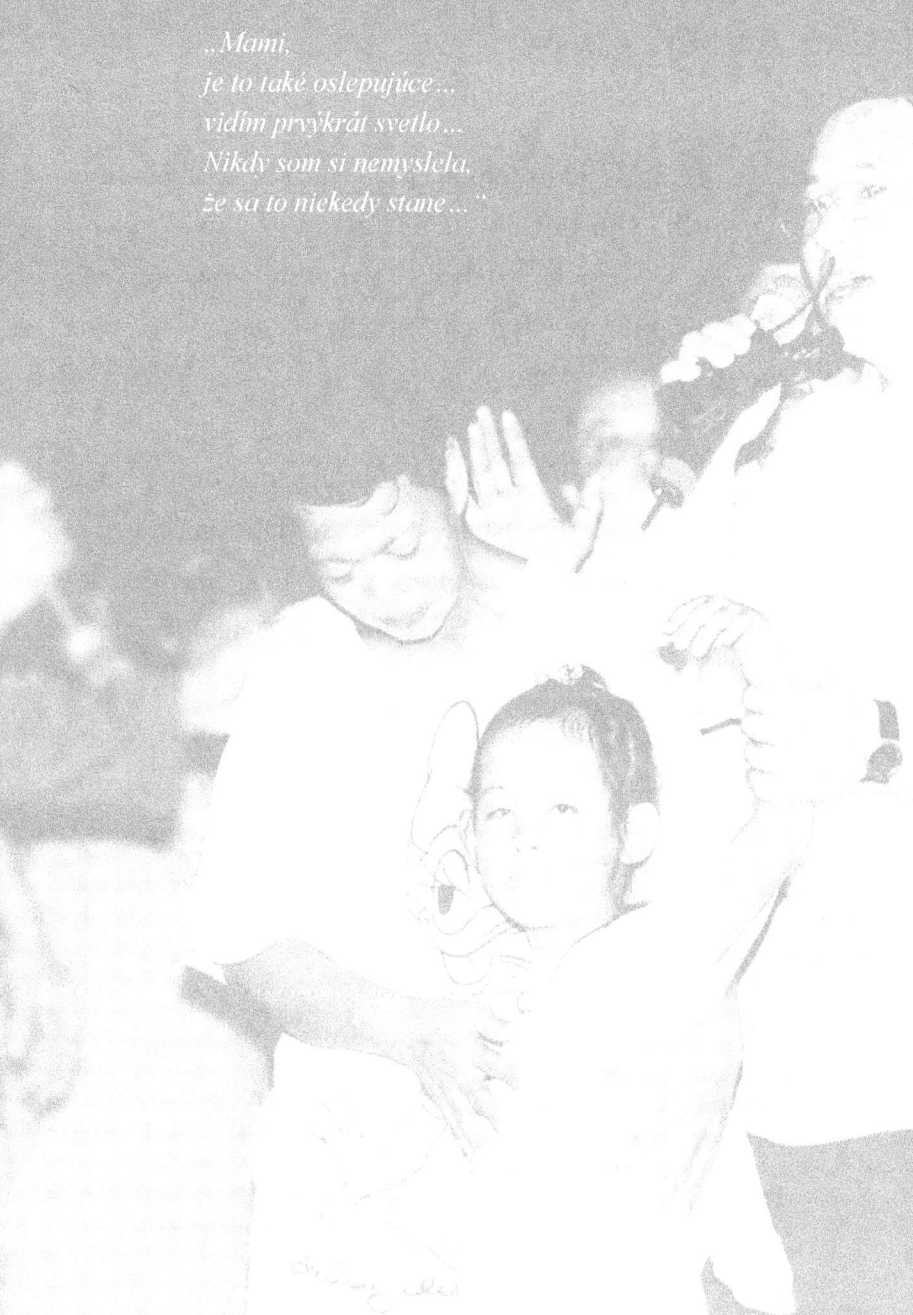

Jennifer Rodriguez z Filipín, ktorá bola od narodenia slepá, začala prvýkrát po ôsmich rokoch vidieť

Pána." Keď získajú uzdravenie a požehnanie, kvôli hľadaniu vlastných výhod títo ľudia opustia milosť a zblúdia od pravdy. Aj keď ich fyzické problémy sú vyriešené, je to zbytočné, pretože ich duchovia zišli z cesty spásy a sú na ceste do pekla.

Tento človek, ktorý sa narodil slepý, mal dobré srdce, ktoré by na milosť nezabudlo. To vysvetľuje, prečo, keď sa stretol s Ježišom, bol nielen uzdravený zo slepoty, ale tiež získal požehnanie spásy. Keď sa ho Ježiš opýtal: „Ty veríš v Syna človeka?" On vravel: „A kto je to, Pane, aby som v neho uveril?" (v 35 - 36). Keď Ježiš odpovedal: „Už si ho videl - a je to ten, čo sa rozpráva s tebou," on vyznal: „Verím, Pane" (v 37 - 38). Tento človek nezačal jednoducho „veriť", on prijal Ježiša ako Krista. Bolo to jeho pevné vyznanie, ktorým sa rozhodol nasledovať iba Pána a žiť len pre Pána.

Boh chce, aby sme všetci prišli pred Neho s takýmto druhom srdca. Chce, aby sme ho hľadali nielen preto, že uzdraví naše choroby a požehná nás. On túži, aby sme pochopili Jeho pravú lásku, ktorá za nás veľkodušne obetovala Jeho jediného Syna a prijali Ježiša za svojho

„Doviedlo ma tu moje srdce...

Túžil som iba po milosti...

*Boh mi dal obrovský dar.
To, čo má robí šťastnejšou
ako to, že vidím,
je skutočnosť,
že som stretla živého Boha!"*

Mária z Hondurasu, ktorá oslepla na pravé oko,
keď mala dva roky, začala po modlitbe Dr. Jaerocka Leeho vidieť

Spasiteľa. Navyše, nemáme Ho milovať len našimi perami, ale aj našimi skutkami uskutočňovania Božieho slova. On nám v 1 Jn 5, 3 hovorí: „Lebo láska k Bohu spočíva v tom, že zachovávame jeho prikázania. A jeho prikázania nie sú ťažké." Ak naozaj milujeme Boha, musíme z nášho vnútra odstrániť všetku zlobu a každý deň chodiť vo svetle.

Keď s týmto druhom viery a lásky o čokoľvek Boha prosíme, ako by nám mohol neodpovedať? V Mt 7, 11 nám Ježiš sľúbil: „Keď teda vy, hoci ste zlí, viete dávať dobré dary svojim deťom; o čo skôr dá váš Otec, ktorý je na nebesiach, dobré veci tým, čo ho prosia!" verte, že náš Boh Otec odpovie na modlitby Jeho milovaných detí.

Preto nezáleží na tom, s akou chorobou alebo problémom pred Boha prídete. Keď s vyznaním: „Pane, ja verím!" vychádzajúceho z hĺbky vášho srdca, ukážete skutky vašej viery, Pán, ktorý uzdravil od narodenia slepého človeka, uzdraví všetky druhy chorôb, spraví nemožné možným a vo vašom živote vyrieši všetky problémy.

„Lekári mi povedali,
že čoskoro oslepnem...
všetko sa začalo zahmlievať...

Ďakujem Ti, Pane,
že si mi dal svetlo...

Čakal som na Teba..."

Rev. Ricardo Morales z Hondurasu, ktorý po nehode takmer úplne oslepol, ale začal opäť vidieť

Dielo otvorenia očí slepého v Manminskej centrálnej cirkvi

Manmin od svojho založenia v roku 1982 veľmi oslávil Boha skrze dielo otvorenia očí mnohých slepcov. Mnoho ľudí, ktorí boli od narodenia slepí, získali po modlitbe zrak. Bol tiež obnovený zrak mnohých ďalších ľudí, ktorí boli odkázaní na okuliare alebo kontaktné šošovky. Spomedzi obrovského množstva úchvatných svedectiev vám ponúkam zopár.

Na mojej výprave v Hondurase v júli 2002 bolo dvanásťročné dievča Mária, ktoré ako dvojročné po ťažkej horúčke osleplo na pravé oko. Jej rodičia sa márne pokúšali jej zrak obnoviť. Dokonca ani transplantácia očnej rohovky Márii nepomohla. Počas nasledujúceho desaťročia po neúspešnej transplantácii Mária na pravé oko nevidela ani svetlo.

Potom v roku 2002 sa Mária s vrúcnou túžbou po Božej milosti zúčastnila výpravy, pri ktorej dostala moju modlitbu, začala vidieť svetlo, a čoskoro bol jej zrak obnovený. Nervy v jej pravom oku, ktoré úplne odumreli, boli Božou mocou obnovené. Aké je to úžasné! Nesmierne množstvo ľudí to na Hondurase oslavovalo a volalo: „Boh je naozaj živý a koná aj dnes!"

Pastor Ricardo Morales takmer oslepol, ale bol úplne uzdravený sladkou vodou z Muanu. Sedem rokov pred výpravou do Hondurasu prežil pastor Ricardo dopravnú nehodu, ktorá spôsobila kritické poškodenie jeho sietnice a trpel ťažkým krvácaním. Lekári pastorovi Ricardovi povedali, že bude postupne strácať zrak, a nakoniec úplne oslepne. Ale on bol uzdravený v roku 2002, v prvý deň Konferencie cirkevných predstavených na Hondurase. Po vypočutí Božieho slova si pastor Ricardo s vierou potrel oči sladkou vodou z Muanu a na jeho prekvapenie sa každou minútou stávali objekty jasnejšie. Pretože nič také predtým nezažil, pastor Ricardo tomu nemohol uveriť. V ten večer sa pastor Ricardo zúčastnil prvého zasadnutia výpravy s okuliarmi. Potom mu zrazu z okuliarov vypadlo sklo a počul hlas Ducha Svätého: „Ak si ihneď nezložíš okuliare, oslepneš." Pastor Ricardo si zložil okuliare a uvedomil si, že všetko vidí jasne. Jeho zrak bol obnovený a pastor Ricardo veľmi chválil Boha.

V Manminskej cirkvi v Nairobi v Keni raz jeden mladý muž menom Kombo navštívil rodné mesto, ktoré sa nachádza asi 400 km (asi 250 míľ) od kostola. Počas návštevy šíril evanjelium jeho rodine a povedal im o obdivuhodných dielach Božej moci, ktoré sa konajú v Manminskej centrálnej cirkvi v Soule. Modlil sa za nich so šatkou, nad ktorou som sa modlil. Kombo tiež ukázal rodine kalendár Manminskej centrálnej cirkvi.

Keď si Kombova stará mama, ktorá bola slepá, vypočula kázanie evanjelia jej vnuka, držiac oboma rukami kalendár si v úprimnej túžbe pomyslela: „Aj ja by som rada videla fotografiu Dr Jaerocka Leeho." Čo nasledovalo potom, bolo skutočne zázračné. Akonáhle Kombova babička otvorila kalendár, jej oči sa otvorili a videla fotografiu. Aleluja! Kombova rodina priamo zažila dielo moci, ktorá otvorila oči slepému a začali veriť v živého Boha. Navyše, keď sa správa o tejto udalosti rozšírila po celej dedine, ľudia žiadali, aby aj v ich dedine bola pobočka kostola.

V dôsledku nespočetných diel moci po celom svete dnes existujú tisíce pobočiek Manminskej cirkvi a evanjelium svätosti je kázané do všetkých končín zeme. Keď prijmete diela Božej moci a uveríte v nich, aj vy sa môžete stať dedičom Jeho požehnaní.

Tak, ako to bolo počas Ježišovej doby, aj dnes mnoho ľudí namiesto spoločného radovania sa a oslavovania Boha, súdia, odsudzujú a oponujú dielam Ducha Svätého. Musíme si uvedomiť, že je to veľký hriech, ako nám Ježiš povedal v Mt 12, 31 - 32: „Preto vám hovorím: Ľuďom sa odpustí každý hriech i rúhanie, ale rúhanie proti Duchu sa neodpusti. Ak niekto povie niečo proti Synovi človeka, odpustí sa mu to. Kto by však povedal niečo proti Duchu Svätému, tomu sa neodpustí ani v tomto veku ani v budúcom."

Aby sme nebránili dielam Ducha Svätého, ale namiesto toho zažili úžasné diela Božej moci, musíme uznať Jeho diela a túžiť po nich, rovnako ako slepec v Jn 9. Podľa toho, ako sa ľudia pripravili ako nádoby, aby vierou získali odpovede, niektorí z nich zažijú diela Božej moci, iní nie.

Ako hovorí Ž 18, 25 - 26: „Voči svätému si svätý, voči šľachetnému šľachetný, voči úprimnému úprimný, voči zvrhlému si neúprosný," v mene nášho Pána Ježiša Krista sa modlím, nech sa každý z vás vierou v Boha, ktorý nás odmeňuje podľa toho, čo sme urobili a podľa skutkov našej viery, stane dedičom Jeho požehnaní!

Posolstvo č.7

Ľudia vstávajú, vyskočia a chodia

Mk 2, 3 – 12

Tu prišli k nemu s ochrnutým človekom;
niesli ho štyria.
A keď ho pre zástup nemohli priniesť až k nemu,
odkryli strechu tam kde bol,
a otvorom spustili lôžko,
na ktorom ležal ochrnutý.
Keď Ježiš videl ich vieru,
povedal ochrnutému:
„Synu, odpúšťajú sa ti hriechy."
Sedeli tam aj niektorí zákonníci a v srdci uvažovali:
„Čo to tento hovorí? Rúha sa!
Kto môže okrem Boha odpúšťať hriechy?"
Ježiš hneď svojím duchom spoznal,
že tak rozmýšľajú, a povedal im:
„Prečo si to myslíte vo svojich srdciach?
Čo je ľahšie - povedať ochrnutému:
„Odpúšťajú sa ti hriechy" alebo povedať:
„Vstaň, vezmi si lôžko a choď!?"
Ale aby ste vedeli,
že Syn človeka má na zemi moc odpúšťať hriechy" povedal
ochrnutému:
„Hovorím ti: Vstaň, vezmi si lôžko a choď domov."
A on vstal, hneď si vzal lôžko a pred očami všetkých odišiel.
Všetci sa divili, velebili Boha a hovorili:
„Také niečo sme ešte nikdy nevideli."

Biblia nám hovorí, že v Ježišovej dobe mnoho ľudí, ktorí boli nevládni alebo zmrzačení, získali úplné uzdravenie a veľmi chválili Boha. Ako nám Boh sľúbil v Iz 35, 6: „Vtedy sťa jeleň bude skákať chromý a jazyk nemého zaplesá," a znovu v Iz 49, 8: „V čase milostivom ťa vyslyším a v deň spásy ti pomôžem, zachovám ťa a zmluvou ľudu ťa spravím, aby si zbudoval krajinu, aby si dostal spustnuté dedičstvá." Boh nám nielen odpovie na naše otázky, ale nás aj povedie ku spáse.

Toto je neustále aj dnes dosvedčované v Manminskej centrálnej cirkvi, kde ako dielo zázračnej Božej moci nespočetné množstvo pacientov začne chodiť, vstáva z invalidného vozíka a odhadzuje barly.

S akým druhom viery predstúpil ochrnutý človek pred Ježiša v Mk 2 a získal spasenie a požehnanie odpovedí? Modlím sa, aby tí z vás, ktorí v súčasnosti nie sú schopní chodiť kvôli nejakej chorobe, vstali, chodili a znovu behali.

Ochrnutý človek sa dopočul o Ježišovi

V Mk 2 je podrobný opis ochrnutého človeka, ktorý bol uzdravený Ježišom, keď navštívil Kafarnaum. V tomto meste žil veľmi úbohý, ochrnutý človek, ktorý bez pomoci druhých nebol schopný sa ani posadiť a žil len preto, že nemohol zomrieť. Ale dopočul sa o Ježišovi, ktorý otvoril oči slepému, postavil zmrzačeného na nohy, vyháňal zlých duchov a uzdravoval ľudí z rôznych druhov chorôb. Pretože tento človek mal dobré srdce, keď sa o Ježišovi dopočul, zapamätal si to a veľmi túži Ježiša stretnúť.

Jedného dňa ochrnutý človek počul, že Ježiš prišiel do Kafarnaumu. Aký nadšený a radostný musel byť v očakávaní stretnutia s Ježišom! Ochrnutý človek však nebol schopný pohybovať sa sám, a tak vyhľadal priateľov, ktorí by ho pred Ježiša priniesli. Našťastie, pretože jeho priatelia tiež o Ježišovi počuli, súhlasili, že mu pomôžu.

Ochrnutý človek a jeho priatelia prichádzajú pred Ježiša

Ochrnutý človek a jeho priatelia prišli k domu, v ktorom Ježiš kázal, ale pretože sa tam zhromaždil veľký dav, nemohli nájsť žiadne miesto v blízkosti dverí, nieto ešte vstúpiť do domu. Okolnosti nedovolili ochrnutému a jeho priateľom prísť pred Ježiša. Určite prosili dav: „Prosíme vás, uvoľnite miesto! Máme kriticky chorého pacienta!" Avšak, dom a okolie boli plné ľudí. Ak by ochrnutému a jeho priateľom chýbala viera, vrátili by sa domov bez stretnutia s Ježišom.

Ale oni sa nevzdali. Namiesto toho ukázali ich vieru. Po premýšľaní, ako by sa mohli stretnúť s Ježišom, ako poslednú možnosť začali priatelia ochrnutého robiť dieru v streche nad Ježišom. Aj keby sa potom museli majiteľovi domu ospravedlniť a zaplatiť mu za škodu, ochrnutý a jeho priatelia boli veľmi zúfalí stretnúť sa s Ježišom a získať uzdravenie.

Viera je sprevádzaná skutkom a skutky viery možno ukázať len vtedy, keď sa uponížite s pokorným srdcom. Už ste niekedy premýšľali alebo povedali si: „Aj napriek tomu, že chcem, môj fyzický stav mi nedovoľuje ísť do kostola?"

Ak by ochrnutý stokrát vyznal: „Pane, verím, že vieš, že nemôžem prísť na stretnutie s Tebou, pretože som ochrnutý. Tiež verím, že ma uzdravíš ležiac v posteli," nemohlo byť o ňom povedané, že ukázal jeho vieru.

Bez ohľadu na to, koľko námahy ho to stálo, ochrnutý išiel pred Ježiša, aby získal uzdravenie. Ochrnutý veril a bol presvedčený, že keď sa stretne s Ježišom, bude uzdravený a požiadal svojich priateľov, aby ho pred Ježiša priniesli. Navyše, pretože jeho priatelia tiež mali vieru, mohli pomôcť ich ochrnutému priateľovi vytvorením dokonca aj diery na cudzej streche.

Ak si naozaj myslíte, že budete uzdravení pred Bohom, predstúpenie pred Neho je dôkaz vašej viery. To je dôvod, prečo cez otvor v streche priatelia ochrnutého spustili na lehátku pred Ježiša. V tej dobe boli strechy v Izraeli ploché a na múre každého domu boli schody, ktorými sa ľudia mohli ľahko dostať na strechu. Okrem toho, strešné škridle mohli byť ľahko odstránené. Tieto skutočnosti umožnili ochrnutému prísť pred Ježiša bližšie, než ktokoľvek iný.

Odpovede môžeme dostať až vtedy, keď vyriešime problém hriechu

V Mk 2, 5 nájdeme, že Ježiš je evidentne potešený skutkom viery ochrnutého človeka. Prečo predtým, ako Ježiš uzdravil ochrnutého človeka, mu povedal: „Synu, odpúšťajú sa ti hriechy?" To bolo preto, lebo odpustenie hriechov musí predchádzať uzdravenie.

V Ex 15, 26 nám Boh hovorí: „Ak budeš počúvať hlas Pána, svojho Boha, a budeš robiť to, čo je v jeho očiach správne, a poslúchneš všetky jeho rozkazy a zachováš všetky jeho ustanovenia, potom ťa nezastihnem takými biedami, akými som postihol Egypťanov, lebo ja, Pán, som tvoj lekár." Tu „biedami, akými som postihol Egypťanov" odkazuje na každú chorobu, ktorú ľudia poznajú. Preto, ak sme poslušní Jeho prikázaniam a žijeme podľa Jeho Slova, Boh nás ochráni a žiadna choroba sa nás nikdy nedotkne. Navyše, v Dt 28 nám Boh sľúbil, že kým poslúchame a žijeme podľa Jeho Slova, žiadna choroba sa našich tiel nikdy nedotkne. V Jn 5 po uzdravení človeka, ktorý bol chorý už tridsaťosem rokov, mu Ježiš povedal: „Hľa, ozdravel si, už nehreš, aby ťa nepostihlo niečo horšie." (v 14) Pretože všetky choroby pochádzajú z hriechu, predtým, než Ježiš uzdravil ochrnutého človeka, najprv mu dal odpustenie. Predstúpenie pred Ježiša nevedie vždy k odpusteniu. Na získanie uzdravenia musíme najprv konať pokánie z našich hriechov a odvrátiť sa od hriešnych ciest. Ak ste boli hriešnikom, musíte sa stať človekom, ktorý už nepácha hriechy; ak ste boli klamárom, musíte sa stať takým, ktorý už neklame; a ak ste nenávideli ostatných, musíte prestať nenávidieť. Len tým ľuďom, ktorí slovo dodržiavajú, Boh dá odpustenie. Navyše, vyznanie „verím" vám neudeľuje odpustenie; keď vyjdeme na svetlo, krv nášho Pána nás prirodzene očistí od všetkých našich hriechov (1 Jn 1, 7).

Ochrnutý človek začal Božou mocou chodiť

V Mk 2 vidíme, že získaním odpustenia človek, ktorý bol ochrnutý, vstal, vzal svoje lôžko a pred očami všetkých ľudí odišiel. Keď prišiel pred Ježiša, ležal na lehátku. Bol uzdravený v okamihu, keď mu Ježiš povedal: „Synu, odpúšťajú sa ti hriechy." (v 5). Namiesto toho, aby sa učitelia zákona tešili z uzdravenia, začali sa hádať. Keď mu Ježiš povedal: „Synu odpúšťajú sa ti hriechy," oni si mysleli: „Čo to tento hovorí? Rúha sa! Kto môže okrem Boha odpúšťať hriechy?" (v 7)

Potom im Ježiš povedal: „Prečo si to myslíte vo svojich srdciach? Čo je ľahšie - povedať ochrnutému: „Odpúšťajú sa ti hriechy," alebo povedať: „Vstaň, vezmi si lôžko a choď!?" Ale aby ste vedeli, že Syn človeka má na zemi moc odpúšťať hriechy." (v 8 - 10) Po tom, ako im Ježiš oznámil Božiu prozreteľnosť, povedal ochrnutému: „Hovorím ti: Vstaň, vezmi si lôžko a choď domov" (v 11), človek okamžite vstal a chodil. Inými slovami, ak človek, ktorý bol ochrnutý, získal uzdravenie, naznačuje to, že získal odpustenie, a že Boh potvrdzoval každé Ježišovo slovo. To je tiež dôkaz, že všemohúci Boh potvrdzoval Ježiša ako Spasiteľa ľudstva.

Prípady postavenia sa, vyskočenia a chodenia

V Jn 14, 11 nám Ježiš hovorí: „Verte mi, že ja som v

Otcovi a Otec vo mne. Ak nie pre iné, aspoň pre tie skutky verte!" Preto musíme veriť, že Boh Otec a Ježiš sú jedno a to isté, o čom svedčí aj to, že ochrnutému človeku, ktorý s vierou prišiel pred Ježiša, bolo odpustené, vstal, vyskočil a na Ježišov príkaz chodil.

V ďalšom verši Jn 14, 12 nám Ježiš tiež hovorí: „Veru, veru, hovorím vám: Aj ten, kto verí vo mňa, bude konať skutky, aké ja konám, ba bude konať ešte väčšie, lebo ja idem k Otcovi." Keďže aj ja som úplne uveril Božiemu slovu po tom, čo som bol povolaný za Božieho služobníka, mnoho dní som sa postil a modlil, aby som dostal Jeho moc. V dôsledku toho, Manmin od jeho založenia preteká svedectvami o uzdravovaní chorôb, ktoré moderná lekárska veda nedokáže vyliečiť.

Zakaždým, keď cirkev ako celok prekonala skúšky požehnaní, rýchlosť uzdravovania pacientov sa zvýšila a boli uzdravované ďalšie kritické choroby. Prostredníctvom každoročného dvojtýždňového duchovného stretnutia uskutočňovaného od roku 1993 do roku 2004 a celosvetových výprav veľký počet ľudí na celom svete zažíva ohromujúcu Božiu moc.

Ponúkam vám niekoľko prípadov spomedzi mnohých, kedy ľudia vstali, vyskočili a začali chodiť.

Postavenie sa z invalidného vozíka po deviatich rokoch

Prvým svedectvom je svedectvo diakona Yoonsupa Kima. V máji 1990 spadol z výšky asi päťposchodovej budovy pri elektromontážnych prácach na budove Taedok Science Town v Južnej Kórei. Stalo sa to predtým, ako Kim uveril v Boha.

Hneď po páde bol prevezený do nemocnice v Sun Yoosunge, v provincii Choongnam, kde bol šesť mesiacov v kóme. Po prebudení z kómy bola bolesť z tlaku a z prasknutia jedenásteho a dvanásteho hrudného stavca a z prietrže v štvrtom a piatom bedrovom stavci neznesiteľná. Lekári v nemocnici informovali Kima, že jeho stav je kritický. Niekoľkokrát bol hospitalizovaný aj v iných nemocniciach. Avšak, bez akejkoľvek zmeny alebo zlepšenia v jeho stave, Kim trpel prvým stupňom postihnutia. Okolo

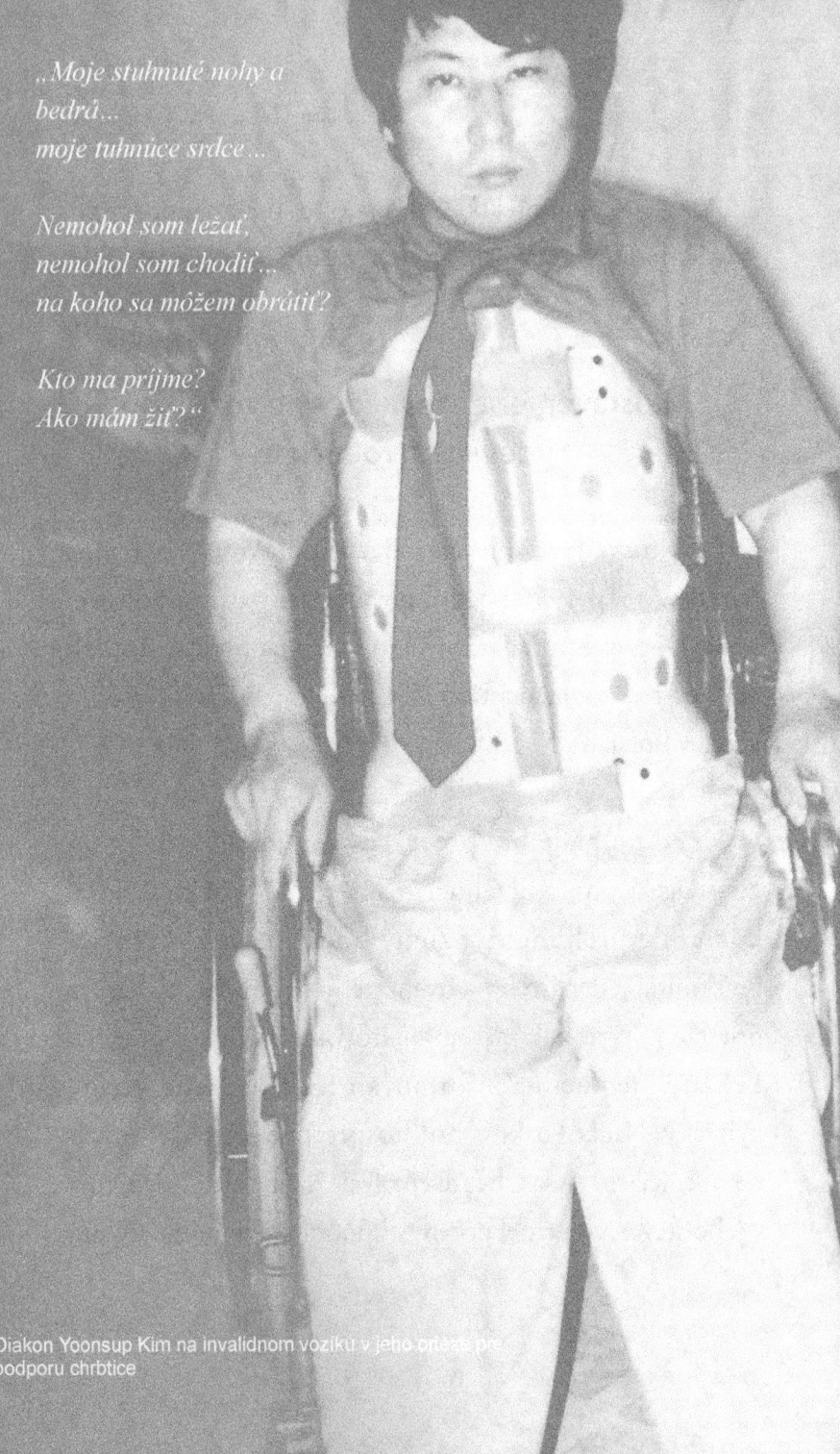

„Moje stuhnuté nohy a
bedrá...
moje tuhnúce srdce...

Nemohol som ležať,
nemohol som chodiť...
na koho sa môžem obrátiť?

Kto ma príjme?
Ako mám žiť?"

Diakon Yoonsup Kim na invalidnom vozíku v jeho orteze pre podporu chrbtice

*„Aleluja!
Boh žije!
Pozrite, ja chodím!"*

Diakon Kim sa raduje s ostanými členmi Manminu po uzdravení modlitbou Dr. Jaerocka Leeho

pása musel neustále nosiť ortézu pre podporu chrbtice. Pretože si nemohol ľahnúť, musel spať posediačky. Počas tejto ťažkej doby bol Kim evanjelizovaný a prišiel do Manminu, kde začal život v Kristovi. Keď sa v novembri 1998 zúčastnil mimoriadneho stretnutia Božieho uzdravenia, Kim zažil niečo neuveriteľné. Pred stretnutím nebol schopný ľahnúť si na chrbát alebo bez pomoci použiť toaletu. Po obdržaní mojej modlitby mohol vstať z invalidného vozíka a s barlami chodiť.

Aby diakon Kim získal úplné uzdravenie, verne navštevoval všetky bohoslužby a stretnutia a nikdy sa neprestal modliť. Okrem toho, vo vrúcnej túžbe a príprave na siedme dvojtýždňové mimoriadne duchovné stretnutie v máji 1999 sa dvadsaťjeden dní postil. Keď som sa počas prvej prednášky modlil za chorých z kazateľnice, diakon Kim zacítil silný lúč svetla a vo videní videl, ako beží. Keď som na druhý týždeň stretnutia položil na neho ruky a modlil som sa, Kim cítil, že jeho telo bolo ľahšie. Keď na jeho nohy zostúpil oheň Ducha Svätého, dostal silu, ktorú predtým nepoznal. Mohol odhodiť ortézu podporujúcu jeho chrbticu a barly, chodiť bez problémov a voľne sa otáčať okolo pása.

Božou mocou začal diakon Kim chodiť ako hociktorý iný človek. Dokonca jazdí na bicykli a usilovne slúži v kostole. Navyše, pred nedávnom sa diakon Kim oženil a teraz vedie skutočne šťastný život.

Postavenie sa z invalidného vozíka po modlitbe so šatkou

V Manmine sa uskutočňujú veľkolepé udalosti, ktoré sú zaznamenané v Biblii a mimoriadne zázraky; skrze ktoré je Boh oslávený ešte viac. Medzi tieto udalosti a zázraky patrí aj prejavovanie Božej moci prostredníctvom šatiek. V Sk 19, 11 – 12 nájdeme: „A Boh robil Pavlovými rukami neobyčajné divy, takže aj na chorých donášali šatky a zástery, ktoré sa dotkli jeho tela, a neduhy ich opúšťali a zlí duchovia vychádzali." Podobne, keď ľudia vezmú k chorým šatky, nad ktorými som sa modlil alebo iné predmety z môjho tela, uskutočňujú sa obdivuhodné diela uzdravenia. V dôsledku toho nás mnoho krajín a národov po celom svete prosí o uskutočnenie výpravy so šatkou v ich regiónoch. Navyše, veľké množstvo ľudí v Afrike, Pakistane, Indonézii, na Filipínach, na Hondurase, v Japonsku, Číne, Rusku a v mnohých ďalších krajinách tiež zažíva „mimoriadne zázraky".

V apríli 2001 jeden z pastorov Manminu uskutočnil výpravu so šatkou v Indonézii, kde bolo uzdravené nespočetné množstvo ľudí a vzdali slávu živému Bohu. Medzi nimi bol bývalý guvernér štátu, ktorý bol na invalidnom vozíku. Keď bol uzdravený skrze modlitbu so šatkou, táto udalosť čoskoro zaplavila noviny.

V máji 2003 ďalší pastor Manminu uskutočnil výpravu so šatkou v Číne, kde okrem mnohých prípadov uzdravenia, človek, ktorý bol tridsaťštyri rokov odkázaný na barly, začal chodiť bez akejkoľvek pomoci.

Na Festivale modlitby zázračného uzdravovania v Indii v roku 2002 Ganesh odhodil barly

V roku 2002 na Festivale modlitby zázračného uzdravovania v Indii, ktorý sa konal na pláži Marina v meste Chennai v prevažne hinduistickej Indii, sa zhromaždilo viac ako tri milióny ľudí, boli svedkami skutočne ohromujúceho

„Už viac necítim
deväť klincov,
ktoré tlačia na moje telo a kosti!

Predtým som kvôli bolesti
nemohol ani vstať,
ale teraz chodím!"

Ganesh začal chodiť bez bariel po modlitbe
Dr. Jaerocka Leeho

diela Božej moci a mnohí z nich sa stali kresťanmi. Pred touto výpravou sa uzdravenie stuhnutých kostí a obnovenie mŕtvych nervov uskutočňovalo pomaly. Počnúc výpravou v Indii sa dielo uzdravenia vzoprelo zákonu ľudského tela. Medzi tými, ktorí získali uzdravenie, bol šestnásťročný chlapec Ganesh. Spadol z bicykla a poranil si pravú časť panvy. Ťažká finančná situácia jeho rodiny mu zabránila dostať správnu liečbu. Po prvom roku mu na kosti vznikol nádor a musel mať pravú časť panvy odstránenú. Lekári mu na stehennú kosť a zvyšnú časť panvy vložili tenkú kovovú dosku, ktorú pripevnili deviatimi klincami. Neznesiteľná bolesť spôsobená klincami mu znemožňovala chôdzu po schodoch alebo bez bariel.

Keď sa Ganesh dopočul o výprave, zúčastnil sa jej a zažil ohnivé dielo Ducha Svätého. Na druhý deň štvordňovej výpravy pri obdržaní „Modlitby za chorých" cítil, ako sa jeho telo začalo ohrievať, ako keby bolo umiestnené v hrnci s vriacou vodou a už viac necítil v tele bolesť. Ihneď prišiel na pódium a vydal svedectvo o jeho uzdravení. Od tej chvíle už nikde v tele necíti žiadnu bolesť, nepoužíva barly a môže voľne chodiť a behať.

„Aj keď som nemal silu
pohnúť jediným prstom,
vedel som, že budem uzdravený,
keď prídem pred Neho.
Moja nádej nebola márna
a Boh ju splnil!"

Po modlitbe Dr. Jaerocka Leeho indická žena
vstala z invalidného vozíka a začala chodiť

V Dubaji žena vstala z invalidného vozíka

Keď som bol v roku 2003 v Dubaji v Spojených arabských emirátoch, indická žena vstala z invalidného vozíka, akonáhle získala moju modlitbu. Bola to inteligentná žena, ktorá študovala v Spojených štátoch. V dôsledku osobných problémov trpela duševnou traumou, ktorá sa spojila s následkami dopravnej nehody a komplikáciami.

Keď som prvýkrát uvidel tú ženu, nemohla chodiť, nemala silu hovoriť a nemohla zodvihnúť ani spadnuté okuliare. Dodala, že bola príliš slabá na písanie alebo zdvihnutie pohára vody. Keď sa jej ostatní ľudia letmo dotkli, pociťovala neznesiteľnú bolesť. Ale po modlitbe žena okamžite vstala z vozíka. Dokonca aj ja som bol veľmi prekvapený touto ženou, ktorá ešte pred pár minútami nemala dosť síl na to, aby prehovorila, a teraz mohla zobrať svoje veci a odísť z miestnosti.

Jer 29, 11 nám hovorí: „Veď ja poznám zámer, ktorý mám s vami - hovorí Pán. Sú to myšlienky pokoja a nie súženia: dám vám budúcnosť a nádej." Náš Boh Otec nás tak veľmi miloval, že veľkodušne dal Jeho jediného Syna. Preto, aj keď ste žili biedny život v dôsledku fyzického postihnutia, skrze vieru v Boha Otca máte nádej na šťastný a zdravý život. On nechce vidieť žiadne z Jeho detí v skúškach a súžení. Navyše, On túži dať každému na svete pokoj, radosť, šťastie a budúcnosť.

Prostredníctvom príbehu ochrnutého človeka v Mk 2 ste spoznali spôsoby a metódy, pomocou ktorých môžete získať odpovede na túžby vášho srdca. V mene nášho Pána Ježiša Krista sa modlím, aby každý z vás pripravil nádobu viery a dostal všetko, o čo prosí!

Posolstvo č. 8

Ľudia sa budú radovať, tancovať a spievať

Mk 7, 31 – 37

Znova opustil končiny Týru
a cez Sidon prišiel ku Galilejskému moru
do stredu dekapolského kraja.
Tam priviedli k nemu hluchonemého
a prosili ho, aby naňho vložil ruku.
On ho vzal nabok od zástupu,
vložil mu prsty do uší,
poslinil si ich a dotkol sa mu jazyka.
Potom pozdvihol oči k nebu,
vzdychol a povedal mu: „Effata,"
čo znamená: „Otvor sa!"
V tej chvíli sa mu otvorili uši
a rozviazal spútaný jazyk a správne rozprával.
A prikázal im, aby o tom nikomu nehovorili.
Ale čím dôraznejšie im prikazoval,
tým väčšmi to rozhlasovali
a s tým väčším obdivom hovorili:
„Dobre robí všetko: aj hluchým dáva sluch
aj nemým reč."

V Mt 4, 23 – 24 nájdeme nasledujúce:

A Ježiš chodil po celej Galilei, učil v ich synagógach, hlásal evanjelium o kráľovstve a uzdravoval každý neduh a každú chorobu medzi ľuďom. Povesť o ňom sa rozniesla po celej Sýrii. Prinášali k nemu všetkých chorých, postihnutých rozličnými neduhmi a trápením, posadnutých zlými duchmi, námesačníkov a ochrnutých, a on ich uzdravoval.

Ježiš nielen hlásal Božie slovo a dobré posolstvá o kráľovstve, ale tiež uzdravil nespočetné množstvo ľudí trpiacich rôznymi chorobami. Uzdravením chorôb, na ktoré bola ľudská moc prikrátka, bolo Slovo, ktoré Ježiš hlásal, vryté do sŕdc ľudí a ich vierou ich doviedol do neba.

Ježiš uzdravuje hluchonemého človeka

V Mk 7 je príbeh o Ježišovom uzdravení hluchonemého človeka, keď cestoval z Týru do Sidonu, potom odtiaľ ku

Galilejskému moru a do regiónu Decapolis. Ak o niekom povieme, že „mohol ledva hovoriť", znamená to, že koktal a nerozprával plynule. Človek v tejto pasáži sa pravdepodobne naučil rozprávať ako dieťa, ale neskôr ochluchol a teraz „mohol ledva hovoriť".

„Hluchonemý človek" je niekto, kto sa nenaučil kvôli hluchote rozprávať, zatiaľ čo ochorenie „bradyacusia" sa vzťahuje na sluchovú poruchu. Existuje mnoho spôsobov, ako sa človek môže stať hluchonemým. Prvý spôsob je dedičnosť. Druhým je prípad, kedy sa človek narodí hluchonemý, ak matka počas tehotenstva trpí rubeolou alebo berie nesprávny liek. Tretím je prípad, kedy dieťa vo veku tri až štyri roky prekoná meningitídu v čase, keď sa učí hovoriť a môže sa stať hluchonemým. Ak je bubienok prasknutý v prípade bradyacusie, načúvací prístroj môže zmierniť ťažkosti. Ak je problém v samotnom sluchovom nerve, nepomôže ani načúvací prístroj. V iných prípadoch, keď človek pracuje vo veľmi hlučnom prostredí alebo vekom dochádza k oslabeniu sluchu, neexistuje žiadny liek.

Okrem toho, človek sa môže stať hluchonemým, ak je posadnutý démonmi. Ak v takom prípade človek s duchovnou právomocou vyženie zlých duchov, dotyčný človek začne ihneď počuť a hovoriť. Keď v Mk 9, 25 – 27 Ježiš vyhnal zlého ducha z chlapca, ktorý nebol schopný hovoriť: „Nemý a hluchý duch, ja ti rozkazujem: Vyjdi z neho a už nikdy doň nevchádzaj!" (v 25) zlý duch ihneď opustil chlapca a chlapec bol uzdravený.

Verte, že keď Boh pracuje, nedotkne sa vás žiadna choroba ani slabosť. To je dôvod, prečo v Jer 32, 27 nájdeme: „Hľa, ja som Pán, Boh každého tvora; či je mne nejaká vec nemožná?" Ž 100, 3 nás nabáda: „Vedzte, že náš Pán je Boh; on je náš stvoriteľ a jemu patríme, sme jeho ľud a ovce z jeho stáda." A Ž 94, 9 nám pripomína: „Že by ten, čo vsadil ucho, nepočul, alebo ten, čo oko stvoril, že by nevidel?" Keď z hĺbky našich sŕdc veríme vo všemohúceho Boha Otca, ktorý stvoril naše uši a oči, všetko je možné. To je dôvod, prečo pre Ježiša, ktorý prišiel na zem v ľudskom tele, bolo všetko možné. Ako nájdeme v Mk 7, keď Ježiš uzdravil hluchonemého človeka, uši človeka sa otvorili a začal zreteľne rozprávať.

Keď nielen veríme v Ježiša Krista, ale tiež s dokonalou vierou prosíme o Božiu moc, aj dnes sa môže uskutočniť rovnaké dielo ako to, ktoré je zaznamenané v Biblii. O tomto nám Hebr 13, 8 hovorí: „Ježiš Kristus je ten istý včera, dnes i naveky," zatiaľ čo Ef 4, 13 nám pripomína: „kým nedospejeme všetci k jednote viery a poznania Božieho Syna, k zrelosti muža, k miere plného Kristovho veku."

Avšak, degenerácia častí tela alebo hluchota a nemota v dôsledku odumretia nervových buniek nemôžu byť uzdravené darom uzdravovania. Až keď človek, ktorý dosiahol celú plnosť Ježiša Krista, dostane od Boha moc a právomoc a modlí sa v súlade s Božou vôľou, uskutoční sa uzdravenie.

Prípady Božieho uzdravenia hluchoty v Manmine

Bol som svedkom mnohých prípadov, kedy bola uzdravená bradyacusia a nespočetné množstvo ľudí, ktorí sa narodili hluchí, začali prvýkrát počuť. Ponúkam vám prípady dvoch ľudí, ktorí začali prvýkrát počuť vo veku päťdesiatpäť a päťdesiatsedem rokov.

Pieseň vďakyvzdania ľudí,
ktorých hluchota bola vyliečená

„So životmi, ktoré si nám dal,
budeme chodiť po zemi
s túžbou po Tebe.

Moja duša, ktorá je ako
krištáľ, prichádza k Tebe."

Diakonka Napshim Park vzdáva chválu Bohu po vyliečení jej
55-ročnej hluchoty

Keď som v septembri zorganizoval Festival zázračného uzdravenia v meste Nagoya v Japonsku, trinásť ľudí, ktorí trpeli poruchou sluchu, boli uzdravení hneď po mojej modlitbe. Táto správa sa rozšírila medzi mnohých sluchovo postihnutých ľudí v Kórei a mnoho z nich sa zúčastnilo deviateho dvojtýždňového mimoriadneho duchovného stretnutia v máji 2001, získali uzdravenie a veľmi chválili Boha.

Medzi nimi bola aj tridsaťtriročná žena, ktorá bola v dôsledku nehody od ôsmich rokov hluchonemá. Po privedení do našej cirkvi krátko pred stretnutím v roku 2001, bola pripravená získať odpovede. Táto žena sa zúčastnila denného „Danielovho modlitebného stretnutia", a keď si spomenula na svoje hriechy z minulosti, roztrhla si srdce. Po horlivej príprave na duchovné stretnutie, prišla na stretnutie. Keď som počas poslednej časti stretnutia položil ruku na hluchonemých, aby som sa za nich modlil, nepocítila žiadnu okamžitú zmenu. Ale ona nebola sklamaná. Namiesto toho, v radosti a vďačnosti prijala svedectvá tých, ktorí získali uzdravenie, a o to horlivejšie verila, že aj ona by mohla byť uzdravená.

Boh to považoval za vieru a túto ženu uzdravil krátko po skončení stretnutia. Vidím, ako sa diela Božej moci uskutočňujú aj po skončení stretnutia. Navyše, skúška sluchu, ktorú podstúpila, len dosvedčila úplné uzdravenie oboch uší. Aleluja!

Človek hluchý od narodenia získava uzdravenie

Veľkosť prejavovania Božej moci sa z roka na rok zvyšuje. Na výprave Zázračného uzdravovania na Hondurase v roku 2002 začalo veľké množstvo hluchonemých ľudí počuť a rozprávať. Počas výpravy bola uzdravená z vrodenej hluchoty aj dcéra veliteľa bezpečnostných pracovníkov a bola veľmi nadšená a nesmierne vďačná.

Jedno z uší osemročnej Madeline Yaimin Bartresovej nenárástlo správne a ona postupne stratila sluch. Keď sa Madeline dopočula o výprave, prosila otca, aby ju tam zobral. Počas chvál získala hojnú milosť a po obdržaní mojej modlitby za všetkých chorých, začala jasne počuť.

Pretože jej otec verne na výprave pomáhal, Boh týmto spôsobom požehnal jeho dieťa.

Na Festivale modlitby zázračného uzdravenia v Indii v roku 2002 Jennifer odstránila sluchový prístroj

Aj keď sme neboli schopní zaregistrovať všetky svedectvá uzdravenia počas výpravy v Indii a po jej skončení, aj s niekoľkými z nich musíme vzdať vďaku a chválu Bohu. Medzi takéto prípady patrí aj príbeh o dievčati Jennifer, ktorá bola od narodenia hluchonemá. Lekár navrhol, aby nosila sluchový prístroj, ktorý jej o trochu zlepší sluch, ale pripomenul jej, že jej sluch nemôže byť dokonalý.

Jenniferina matka sa modlila každý deň za uzdravenie jej dcéry a obe sa zúčastnili výpravy. Matka a dcéra sedeli pri jednom z veľkých reproduktorov, pretože ani bezprostredná blízkosť pri hlučnom reproduktore nemohla Jennifer ublížiť. Ale v posledný deň výpravy kvôli väčšiemu davu, ktorý sa tam zhromaždil, nemohli nájsť voľné miesta blízko

Jennifer uzdravená z vrodenej hluchoty a zhodnotenie jej lekára

CHURCH OF SOUTH INDIA
MADRAS DIOCESE
C. S. I. KALYANI MULTI SPECIALITY HOSPITAL
1B, Dr. Radhakrishnan Salai, Chennai-600 004. (South India)

Phone: 827 11 01
828 29 05

Ref. No.   Date: 15/10/03

To whom it may concern

Miss Jennifer aged 5 yrs. has been examined by me at CSI Kalyani Hospital for her hearing. After interaction with the child and observing her and after examining the child, I have come to the conclusion that Jennifer has definitely good hearing improvement now than before she was prayed for. Her mother's observation of her child is far more important and the mother has definitely noticed improvement in her child's hearing ability. Jennifer hears much better without the hearing aid, responding to her name being called when as previously she was not without the aid.

Medical Officer
C. S. I. KALYANI GENERAL HOSPITAL

reproduktora. Čo nasledovalo potom, bolo naozaj neuveriteľné. Akonáhle som z kazateľnice dokončil modlitbu za chorých, Jennifer povedala matke, že všetok zvuk je príliš hlasný a požiadala ju, aby jej vybrala sluchový prístroj. Aleluja!

Podľa lekárskych záznamov Jenniferin sluch bez sluchového prístroja pred uzdravením nereagoval ani na najvyššiu intenzitu zvuku. Inými slovami, Jennifer stratila sluch úplne, ale po modlitbe bolo zistené, že 30 až 50 % jej sluchu sa obnovilo. Ponúkam vám hodnotiacu správu ušno-nosno-krčnej doktorky Kristíny:

Za účelom posúdenia sluchových schopností Jennifer, vek 5 rokov, vyšetrovala som ju v nemocnici C.S.I. Kalyani Multi Specialty Hospital. Po rozhovore s Jennifer a po preverení jej sluchu som došla k záveru, že po modlitbe došlo k istému a pozoruhodnému zlepšeniu. Názory Jenniferinej matky sú taktiež relevantné. Dospela k rovnakému záveru ako ja: Jenniferin sluch sa určite a radikálne zlepšil. V tejto chvíli Jennifer počuje aj bez sluchového prístroja a reaguje dobre, keď ľudia vyslovia jej meno. V dobe pred modlitbou Jennifer bez sluchového prístroja nič nepočula.

Tým, ktorí si pripravujú svoje srdcia vo viere, Božia moc sa nepochybne prejaví. Samozrejme, existuje veľa prípadov, kedy sa stav pacientov zlepšuje zo dňa na deň, ak vedú život viery v Kristovi.

Častokrát Boh neuzdraví úplne hneď na prvýkrát tých, ktorí ohluchli v mladom veku. Ak by začali dobre počuť hneď po uzdravení, bolo by pre nich ťažké vydržať všetky zvuky. Ak ľudia stratili sluch v dospelosti, Boh ich môže ihneď úplne uzdraviť, pretože znovuprispôsobenie sa zvukom im nebude dlho trvať. V takýchto prípadoch môžu byť ľudia spočiatku zmätení, ale po dni alebo po dvoch sa upokoja a zvyknú si na schopnosť počuť.

V apríli 2003 počas mojej cesty do Dubaja v Spojených arabských emirátoch som sa stretol s tridsaťdvaročnou ženou, ktorá stratila reč vo veku dvoch rokov, keď trpela mozgovou meningitídou. Akonáhle dostala moju modlitbu, žena veľmi jasne povedala: „Ďakujem!" Jej slová som bral len ako prejav vďaky, ale jej rodičia mi povedali, že uplynuli tri desaťročia, odkedy ich dcéra naposledy povedala: „Ďakujem."

Aby ste mohli zažiť moc, ktorá umožňuje nemým hovoriť a hluchým počuť

V Mk 7, 33 - 35 nájdeme nasledovné:

On ho vzal nabok od zástupu, vložil mu prsty do uší, poslinil si ich a dotkol sa mu jazyka. Potom pozdvihol oči k nebu, vzdychol a povedal mu: „Effata," čo znamená: „Otvor sa!" V tej chvíli sa mu otvorili uši a rozviazal spútaný jazyk a správne rozprával.

„Effata" v hebrejčine znamená „otvor sa". Keď Ježiš vydal príkaz v pôvodnom hlase stvorenia, uši hluchého sa otvorili a jazyk sa mu rozviazal.

Prečo teda Ježiš vložil prsty do uši hluchého predtým, ako prikázal: „Effata?" Rim 10, 17 nám hovorí: „Teda viera je z hlásania a hlásanie skrze Kristovo slovo." Vzhľadom k tomu, že tento človek nemohol počuť, nebolo pre neho ľahké mať vieru. Navyše, človek neprišiel pred Ježiša preto, aby bol uzdravený. Ale tohto človeka pred Ježiša priniesli ľudia. Vložením prstov do uší človeka mu Ježiš pomohol mať vieru prostredníctvom pocítenia Jeho prstov.

Až keď pochopíme duchovný význam vložený v tejto scéne, kde Ježiš prejavil Božiu moc, môžeme zažiť Jeho moc. Čo konkrétne musíme urobiť?

Na získanie uzdravenia musíme mať ako prvé vieru

Aj v prípade malej viery musí mať človek, ktorý potrebuje uzdravenie, vieru. Avšak, na rozdiel od Ježišovej doby a kvôli pokroku civilizácie existuje mnoho spôsobov, vrátane posunkovej reči, vďaka ktorej sa môžu dokonca aj sluchovo postihnutí evnajelium dozvedieť. Už niekoľko rokov sú v Manmine všetky kázané posolstvá simultánne tlmočené posunkovou rečou. Aj posolstvá hlásané v minulosti sú aktualizované na webovej stránke v posunkovej reči.

Navyše, aj prostredníctvom mnohých ďalších spôsobov, vrátane kníh, novín, časopisov a video a audio nahrávok, môžete mať vieru, ak máte odhodlanie. Akonáhle budete mať vieru, môžete zažiť Božiu moc. Ponúkol som vám niekoľko svedectiev ako prostriedok, ktorý vám pomôže získať vieru.

Potom musíme získať odpustenie

Prečo Ježiš použil slinu a dotkol sa jazyka človeka po tom, čo vložil prsty do jeho uší? Toto duchovne symbolizuje krst vodou a bolo to nevyhnutné pre odpustenie jeho hriechov. Krst vodou znamená, že od všetkých našich hriechov musíme byť očistení Božím slovo, ktoré je ako čistá voda. Aby človek mohol zažiť Božiu moc, musí najprv vyriešiť problém hriechu. Namiesto očistenia nečistoty človeka vodou, Ježiš ju nahradil Jeho slinami a symbolizoval tým odpustenie hriechov tohoto človeka. Iz 59, 1 - 2 nám hovorí: „Hľa, Pánova ruka nie je prikrátka, žeby nezachránil, a jeho ucho nie je zaľahnuté, žeby nepočul! Ale vaše hriechy sú priehradou medzi vami a vaším Bohom a vaše viny zakryli jeho tvár pred vami, že nečuje." Ako nám Boh sľúbil v 2 Krn 7, 14: „a môj ľud, ktorý sa volá mojím menom, sa skloní a bude sa modliť, bude hľadať moju tvár a odvráti sa od svojich zlých ciest, ja vypočujem z neba, odpustím ich vinu a ich zem uzdravím," aby ste získali Božie odpovede, musíte sa najprv pozrieť do svojho vnútra, roztrhnúť si srdce a konať pokánie

Z čoho by sme mali pred Bohom konať pokánie?

Po prvé, musíte konať pokánie z toho, že ste neverili v Boha a musíte prijať Ježiša Krista. V Jn 16, 9 nám Ježiš hovorí, že Duch Svätý usvedčí vinu sveta vo vzťahu k hriechu, pretože ľudia v Neho neveria. Musíte si uvedomiť, že neprijať Pána je hriech, a preto začnite veriť v Pána a v Boha.

Po druhé, musíte konať pokánie, ak ste nemilovali svojich bratov. 1 Jn 4, 11 nám hovorí: „Milovaní, keď nás

Boh tak miluje, aj my sme povinní milovať jeden druhého." Keď vás brat nenávidí, namiesto toho, aby ste ho tiež nenávideli, musíte byť tolerantní a odpúšťajúci. Musíte tiež milovať svojho nepriateľa, snažiť sa najprv o jeho výhody a myslieť a správať sa tak, ako keby ste boli na jeho mieste. Keď začnete milovať všetkých ľudí, Boh vám preukáže súcit a milosrdenstvo a uskutoční dielo uzdravenia.

Po tretie, musíte konať pokánie, ak ste sa modlili za vlastné záujmy. Boh nemá záľubu v tých ľuďoch, ktorí sa modlia so sebeckými motívmi. Neodpovie vám. Od tejto chvíle sa musíte modliť v súlade s Božou vôľou.

Po štvrté, musíte konať pokánie, ak ste sa modlili s pochybnosťami. Jak 1, 6 - 7 hovorí: „Ale nech prosí s vierou, bez pochybovania. Lebo kto pochybuje, podobá sa morskej vlne, hnanej a zmietanej vetrom. Taký človek nech sa nenazdáva, že dostane niečo od Pána." Preto, keď sa modlíme, musíme sa modliť vo viere a Boha potešovať. Navyše, ako nám pripomína Hebr 11, 6: „ Bez viery je totiž nemožné páčiť sa Bohu," odhoďte pochybnosti a proste iba s vierou.

Po piate, musíte konať pokánie, ak ste neposlúchali Božie príkazy. Ako nám hovorí Ježiš v Jn 14, 21: „Kto má moje prikázania a zachováva ich, ten ma miluje. A kto miluje mňa, toho bude milovať môj Otec; aj ja ho budem milovať a zjavím mu seba samého," keď dokazujete vašu lásku k Bohu poslušnosťou k Jeho príkazom, môžete získať Jeho odpovede. Z času na čas veriaci zažijú dopravné nehody. Dôvodom je to, že väčšina z nich nedodržali Pánov deň svätý alebo neponúkli celé desiatky. Vzhľadom k tomu, že nedodržali najzákladnejší súbor pravidiel pre kresťanov, Desatoro Božích prikázaní, nemohli byť pod Božou ochranou. Niektorí z tých, ktorí verne Jeho príkazy nasledujú, tiež zažívajú nehody v dôsledku vlastných chýb. Ale sú Bohom chránení. V takýchto prípadoch ľudia zostávajú bez úhony aj v úplne zničenom vozidle, pretože Boh ich miluje a ponúka im dôkaz Jeho lásky.

Navyše, ľudia, ktorí Boha nepoznali, často po obdržaní modlitby získajú rýchle uzdravenie. To je preto, lebo skutočnosť, že prišli do kostola, je samotným skutkom viery a Boh v nich koná. Avšak, keď ľudia majú vieru a poznajú pravdu, ale nedodržiavajú Božie príkazy a nežijú podľa

Jeho slova, stáva sa to múrom medzi Bohom a týmito ľuďmi, a preto nezískajú uzdravenie. Dôvod, prečo Boh koná medzi neveriacimi počas zámorských výprav, je to, že samotná skutočnosť, že ľudia uctievajúci modly sa dopočujú o výpravách a zúčastnia sa ich, je v Božích očiach považovaná za vieru.

Po šieste, musíte konať pokánie, ak ste nesiali. Ako nám hovorí Gal 6, 7: „Čo človek zaseje, to bude aj žať," aby ste zažili Božiu moc, musíte sa najprv usilovne zúčastňovať bohoslužieb. Pamätajte si, že keď zasejete vaším telom, dostanete požehnanie zdravia, a keď zasejete bohatstvom, dostanete požehnanie bohatstva. Preto, ak ste chceli žať bez siatia, musíte z toho konať pokánie.

1 Jn 1, 7 hovorí: „Ale ak chodíme vo svetle ako je on vo svetle, máme spoločenstvo medzi sebou a krv Ježiša, jeho Syna, nás očisťuje od každého hriechu." Okrem toho, pevne sa držiac Božieho prisľúbenia napísaného v 1 Jn 1, 9: „Ale ak vyznávame svoje hriechy, on je verný a spravodlivý: odpustí nám hriechy a očistí nás od každej neprávosti," nezabudnite sa pozrieť do svojho srdca, konať pokánie a

kráčať vo svetle.

V mene nášho Pána Ježiša Krista sa modlím, aby ste získali Božiu milosť, dostali všetko, o čo prosíte a Jeho mocou získali nielen požehnanie zdravia, ale aj požehnanie všetkých oblastí vášho života!

Posolstvo č. 9
Verná Božia prozreteľnosť

Dt 26, 16 – 19

V dnešný deň ti prikazuje Pán, tvoj Boh,
aby si zachoval tieto ustanovenia a príkazy,
aby si ich strážil a plnil z celého srdca
a z celej svojej duše.
Dnes si vyhlásil, že Pán je tvoj Boh,
že budeš kráčať po jeho cestách,
že budeš zachovávať jeho ustanovenia,
predpisy a príkazy,
a že budeš poslúchať jeho rozkazy.
Aj Pán dnes vyhlásil,
že budeš jeho zvláštnym ľudom,
ako ti povedal;
že keď budeš zachovávať všetky jeho príkazy,
vyvýši ťa nad všetky národy,
ktoré stvoril na svoju chválu, slávu a česť,
aby si bol svätým ľudom Pána, svojho Boha,
ako povedal.

Pri vyzvaní vybrať najvyššiu formu lásky, veľa ľudí vyberá lásku rodičov, najmä lásku matky k dieťaťu. Ale v Iz 49, 15 nájdeme: „Či zabudne žena na svoje nemluvňa a nemá zľutovania nad plodom svojho lona? I keby ona zabudla, ja nezabudnem na teba." Vrúcna Božia láska je neporovnateľná s láskou matky k dieťaťu.

Boh lásky chce, aby všetci ľudia nielen dosiahli spasenie, ale sa tiež tešili z večného života, požehnania a radosti v nádhernom nebi. To je dôvod, prečo On chráni Jeho deti pred skúškami a utrpením a chce im dať všetko, o čo prosia. Boh vedie každého z nás k požehnanému životu nielen tu na zemi, ale aj vo večnom živote, ktorý má prísť.

Prostredníctvom moci a proroctiev, ktoré nám Boh v Jeho láske dáva, teraz preskúmame Božiu prozreteľnosť v Manminskej centrálnej cirkvi.

Božia láska chce zachrániť všetky duše

V 2 Pt 3, 3 – 4 nájdeme:

Predovšetkým vedzte, že v posledných dňoch prídu s posmechom posmievači, žijúci podľa svojich žiadostí, a budú hovoriť: „Kde je ten jeho prisľúbený príchod?" Veď odvtedy, ako zosnuli otcovia, všetko ostáva tak, ako to bolo od počiatku stvorenia.

Existuje mnoho ľudí, ktorí by nám neverili, ak by sme im povedali o konci sveta. Ako slnko vždy vychádza a zapadá, ako sa ľudia neustále rodia a zomierajú, a pretože pokrok civilizácie neustále napreduje, títo ľudia prirodzene predpokladajú, že všetko bude naďalej pokračovať.

Ako ľudský život má začiatok a koniec, ak história ľudstva má začiatok, musí mať aj koniec. Keď nadíde Bohom vybraný čas, všetko vo vesmíre sa skončí. Všetci ľudia, ktorí žili od Adama, budú súdení. Podľa toho, ako človek na zemi žil, pôjde buď do neba, alebo do pekla.

Na jednej strane, ľudia, ktorí veria v Ježiša Krista a žijú podľa Božieho slova, pôjdu do neba. Na druhej strane, ľudia, ktorí neveria ani po evanjelizácii a ľudia, ktorí nežijú podľa Božieho slova, ale namiesto toho žijú v hriechu a v zlobe, aj keď vyznávajú vieru v Pána, pôjdu do pekla. To je dôvod, prečo Boh túži šíriť evanjelium po celom svete tak rýchlo, ako je to možné, aby aj ďalšie duše mohli získať spásu.

Božia moc je šírená na konci vekov

Práve tu je dôvod, prečo Boh ustanovil Manminskú centrálnu cirkev a prejavuje obdivuhodnú moc. Prostredníctvom uskutočňovania Jeho moci Boh chce poskytnúť dôkazy o existencii pravého Boha a povedať ľuďom o nebi a pekle. Ako nám Ježiš povedal v Jn 4, 48: „Ak nevidíte znamenia a divy, neveríte," najmä v dobe, kedy hriechy a zlo prekvitajú a poznanie napreduje, dielo moci, ktoré môže zničiť myslenie človeka, je o to potrebnejšie. To je dôvod, prečo na konci sveta Boh poveruje Manmin a žehná ho neustále zväčšujúcou sa mocou.

Navyše, aj Božia kultivácia ľudstva sa blíži ku koncu. Až kým nenadíde Bohom vybraný čas, moc je nevyhnutným prostriedkom na záchranu všetkých ľudí, ktorí majú šancu získať spásu. Iba s mocou môže byť viac ľudí vedených ku spáse rýchlejšou cestou.

Vzhľadom na pretrvávajúce prenasledovanie a súženie je veľmi ťažké šíriť evanjelium v niektorých krajinách sveta a ešte stále existuje mnoho ľudí, ktorí o evanjeliu ešte nepočuli. Okrem toho, aj medzi tými, ktorí vyznávajú vieru v Pána, množstvo ľudí s pravou vierou nie je také veľké, ako si ľudia myslia. V Lk 18, 8 nám Ježiš hovorí: „Ale nájde Syn človeka vieru na zemi, keď príde?" Mnoho ľudí chodí do kostola, ale bez väčšieho rozdielu od svetských ľudí aj naďalej žijú v hriechu.

Ale dokonca aj v krajinách a častiach sveta s rozsiahlym prenasledovaním kresťanstva, akonáhle ľudia zažijú dielo Božej moci, začne rásť viera, ktorá sa nebojí smrti a za ňou nasleduje ohnivé šírenie evanjelia. Ľudia bez pravej viery, ktorí žili v hriechu, sú posilnení žiť podľa Božieho slova, keď na vlastnej koži zažijú dielo moci živého Boha.

Počas mnohých zahraničných misií som bol v krajinách, ktoré legálne zakazujú evanjelizáciu a hlásanie evanjelia a prenasledujú cirkev. V krajinách ako Pakistan a Spojené arabské emiráty, v ktorých prevláda islam, a v prevažne hinduistickej Indii, som bol svedkom toho, že keď sa o Ježišovi Kristovi svedčí a ponúkajú sa dôkazy, ktorými ľudia môžu uveriť v živého Boha, mnoho duší sa obráti a získava spásu. Aj keď ľudia predtým uctievali modly, keď zažijú dielo Božej moci, prijímajú Ježiša Krista bez strachu z právnych následkov. To svedčí o úplnej veľkosti Božej moci.

Ako poľnohospodár zbiera plodiny pri žatve, Boh prejavuje takú obdivuhodnú moc, že v posledných dňoch bude môcť zhromaždiť všetky duše, ktoré získali spásu.

Znamenia konca vekov zaznamenané v Biblii

Dokonca aj prostredníctvom Božieho slova zaznamenaného v Biblii môžeme povedať, že doba, v ktorej žijeme, je blízko konca vekov. Hoci nám Boh nepovedal presný dátum a čas konca vekov, dal nám oporné body, pomocou ktorých to môžeme zistiť. Tak, ako môžeme predpovedať, že bude pršať, keď sa začnú zhromažďovať oblaky, vďaka spôsobu, akým sa odvíja história, nám znamenia v Biblii umožňujú predvídať posledné dni.

Napríklad, v Lk 21 nájdeme: „A keď budete počuť o vojnách a nepokojoch, neľakajte sa! Toto musí prísť predtým, ale koniec nebude hneď." (v 9) a „Budú veľké zemetrasenia a miestami hlad a mor, budú hrôzy a veľké znamenia na nebi." (v 11).

V 2 Tim 3, 1 - 5 čítame nasledujúce:

Vedz, že v posledných dňoch nastanú nebezpečné časy.

Ľudia budú totiž sebeckí, chamtiví, chvastaví, pyšní, rúhaví, neposlušní voči rodičom, nevďační, bezbožní, bezcitní, nezmierliví, ohovární, nezdržanliví, suroví, bez lásky k dobru, zradní, bezhlaví, nadutí, milujúci viac rozkoše ako Boha; budú mať výzor nábožnosti, ale jej silu budú popierať. A týchto sa chráň!

Po celom svete dochádza k mnohým pohromám a uskutočňuje sa mnoho znamení a srdce a myšlienky ľudí sa dnes stávajú horšie a horšie. Každý týždeň dostávam výstrižky z novín o udalostiach a nehodách a množstvo týchto výstrižkov sa neustále zvyšuje. To nasvedčuje, že vo svete dochádza k mnohým katastrofám, pohromám a zlým skutkom.

Ale ľudia nie sú na tieto udalosti a nehody takí citliví, ako boli kedysi. Pretože denne prichádzajú do styku s príliš veľkým množstvom príbehov o takýchto udalostiach a nehodách, ľudia sa stali voči nim odolní. Väčšina z nich už neberie vážne brutálne zločiny, veľké vojny, prírodné katastrofy a ľudí postihnutých touto krutosťou a katastofami. Tieto udalosti vypĺňajú titulné stránky masmédií. Avšak, iba ak s ostatnými hlboko súcitia alebo poznajú tých, ktorým sa to stalo, pre väčšinu ľudí tieto udalosti nie sú veľmi významné a čoskoro na ne zabudnú. Prostredníctvom spôsobu, akým sa história odohráva, ľudia, ktorí bdejú a majú jasnú komunikáciu s Bohom, jednohlasne svedčia, že príchod Pána je blízko.

Proroctvá o konci vekov a Božia prozreteľnosť v Manminskej centrálnej cirkvi

Pomocou Božích proroctiev odhalených v Manmine, môžeme povedať, že táto doba je skutočne koniec vekov. Od založenia Manminu až dodnes Boh predpovedal výsledky prezidentských a parlamentných volieb, úmrtia významných a známych osobností v Kórei aj v zahraničí a mnoho ďalších udalostí, ktoré formujú dejiny sveta.

Mnohokrát som zverejnil tieto informácie v akronymoch v cirkevných týždenníkoch. Ak bol obsah príliš citlivý, poskytol som ho len niekoľkým jedincom. V posledných rokoch som z času na čas z kazateľnice hlásal zjavenia týkajúce sa Severnej Kórey, Spojených štátov a udalostí, ktoré sa mali uskutočniť vo svete.

Väčšina proroctiev bola splnená tak, ako bolo predpovedané a proroctvá, ktoré sa ešte majú splniť, sa týkajú udalostí, ktoré sa buď práve teraz dejú, alebo ešte len majú prísť. Pozoruhodné je to, že väčšina proroctiev o udalostiach, ktoré ešte len prídu, sa týkajú posledných dní. Pretože medzi ne patrí Božia prozreteľnosť pre Manminskú centrálnu cirkev, preskúmame teraz niektoré z týchto proroctiev.

Prvé proroctvo sa týka vzťahov medzi Severnou a Južnou Kóreou

Od založenia Manminu tu Boh odhalil veľa proroctiev ohľadne Severnej Kórey. Je to preto, lebo naším poslaním je evanjelizácia Severnej Kórey v posledných dňoch. V roku 1983 nám Boh povedal o summite medzi Severnou a Južnou Kóreou a jeho následky. Krátko po summite mala Severná Kórea dočasne otvoriť dvere svetu, ale onedlho na to ich opäť zatvoriť. Boh nám povedal, že keď Severná Kórea otvorí dvere, do krajiny vstúpi evanjelium o svätosti a moci Boha a bude nasledovať evanjelizácia. Boh nám pripomenul, aby sme si pamätali, že príchod Pána bude blízko, keď sa Severná a Južnej Kórea vyjadria určitým spôsobom. Pretože mi Boh povedal, aby som spôsob, ktorým sa obe strany „vyjadria určitým spôsobom" držal v tajnosti, nemôžem zatiaľ nič prezradiť.

Ako väčšina z vás vie, summit medzi vodcami oboch krajín sa konal v roku 2000. Pravdepodobne si dokážete domyslieť, že Severná Kórea podľahne medzinárodnému tlaku a onedlho otvorí dvere.

Druhé proroctvo sa týka volania po svetovej misii

Boh pre Manmin pripravil množstvo zámorských výprav, na ktorých sa zhromaždili desaťtisíce, státisíce a milióny ľudí, a Jeho obdivuhodnou mocou nám požehnal rýchlo evanjelizovať svet. Patrí tu výprava Svätého evanjelia v Ugande, ktorá bola vysielaná do celého sveta spoločnosťou Cable News Network (CNN); výprava Uzdravovania v Pakistane, ktorá otriasla islamským svetom a otvorila dvere misiám na Blízkom východe; výprava Svätého evanjelia v Keni, na ktorej bolo uzdravených mnoho chorôb, vrátane AIDS; Spojená výprava uzdravovania na Filipínach, kde sa Božia moc veľmi prejavila; výprava Zázračného uzdravovania v Hondurase, ktorá privolala Ducha Svätého ako hurikán; a Festival modlitby zázračného uzdravovania v Indii, najväčšej hinduistickej krajiny na svete, ktorého sa zúčastnilo viac ako tri milióny ľudí. Všetky tieto výpravy slúžia ako odrazový mostík, z ktorého sa Manmin mohol dostať do Izraela, jeho konečného cieľa.

Podľa Jeho veľkého plánu kultivácie ľudstva, Boh stvoril Adama a Evu, a keď na Zemi začal život, ľudstvo sa začalo množiť. Spomedzi všetkých národov Boh vybral jeden národ, Izrael, potomkov Jakuba. Boh chcel odhaliť Jeho slávu a prozreteľnosť kultivácie ľudstva skrze históriu Izraelitov, a to nielen Izraelu, ale všetkým ľuďom na celom svete. Ľud Izraela teda slúži ako model kultivácie ľudstva a história Izraela, ktorú riadi samotný Boh, nie je len história jedného národa, ale Jeho posolstvo všetkým ľuďom. Navyše, pred dokončením kultivácie ľudstva, ktorá sa začala Adamom, Boh chce, aby sa evanjelium vrátilo späť do Izraela, odkiaľ začalo. Avšak, je mimoriadne ťažké v Izraeli zhromažďovať kresťanov a šíriť evanjelium. V Izraeli je potrebné uskutočňovanie Božej moci, ktorá môže otriasť nebom a zemou a splnenie tejto časti Božej prozreteľnosti je povolanie pridelené Manminu na posledné dni.

Skrze Ježiša Krista Boh dokončil prozreteľnosť spasenia

ľudstva a dovolil každému, kto prijme Ježiša za svojho Spasiteľa, získať večný život. Ale Bohom vyvolený ľud Izraela neuznal Ježiša za Mesiáša. Navyše, dokonca až do okamihu, kedy budú Jeho deti vyzdvihnuté do vzduchu, synovia Izraela nepochopia prozreteľnosť spasenia skrze Ježiša Krista.

V posledných dňoch Boh chce, aby ľud Izraela konal pokánie a prijal Ježiša za Spasiteľa, aby získal spásu. To je dôvod, prečo Boh dovolil, aby prostredníctvom vznešeného povolania, ktoré dal Manminu, evanjelium svätosti vstúpilo do Izraela a šírilo sa po celej krajine. Teraz, keď už rozhodujúci odrazový mostík pre misie na Blízkom východe vznikol v apríli 2003, v súlade s Božou vôľou Manmin vykoná konkrétne prípravy pre Izrael a dosiahne Božiu prozreteľnosť.

Tretie proroctvo sa týka výstavby veľsvätyne

Keď čoskoro po založení Manminu Boh odhalil Jeho prozreteľnosť pre posledné dni, dal nám poslanie na výstavbu veľsvätyne, ktorá umožní, aby všetci ľudia na svete spoznali Božiu slávu.

V starozákonnej dobe bolo možné skutkom získať spasenie. Aj keď hriech zo srdca nebol odstránený, keď nebol skutočne spáchaný, človek mohol byť spasený. Svätyňou v starozákonnej dobe bol chrám, v ktorom ľudia len skutkami uctievali Boha, ako prikazoval zákon.

Ale v novozákonnej dobe prišiel Ježiš a s láskou splnil zákon a našou vierou v Ježiša Krista získavame spasenie. Svätyňa, po ktorej Boh túži v novozákonnej dobe, bude postavená nielen skutkami, ale aj srdcom. Táto svätyňa má byť postavená pravými Božími deťmi, ktoré svätým srdcom a v láske k Nemu odhodia hriechy. To je dôvod, prečo Boh dovolil, aby svätyňa starozákonnej doby bola zničená a túžil po postavení novej svätyne pravého duchovného významu.

Preto musia byť ľudia, ktorí sú poverení výstavbou veľsvätyne, v Božích očiach považovaní za spravodlivých.

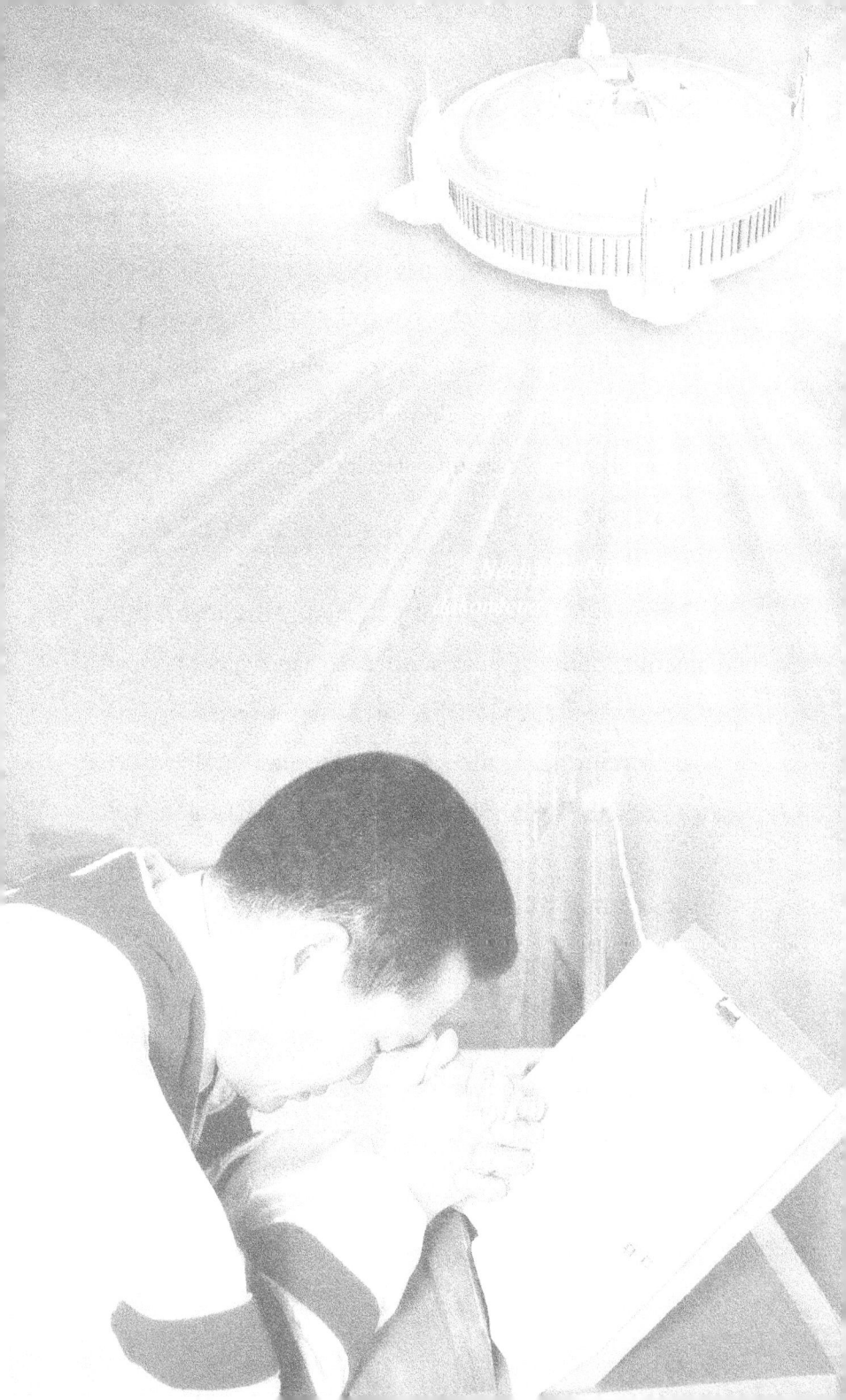

Musia byť Božími deťmi, ktorí majú obrezané, sväté a čisté srdce a sú naplnení vierou, nádejou a láskou. Keď Boh uvidí veľsvätyňu postavenú Jeho svätými deťmi, nepoteší ho len vzhľad budovy. Ale prostredníctom veľsvätyne si bude môcť spomenúť na proces, akým bola svätyňa postavená a pamätať si obetu a trpezlivosť každého z Jeho pravých detí, ktoré sú výsledkom Jeho sĺz.

Veľsvätyňa nesie hlboký význam. Bude slúžiť ako pamätník kultivácie ľudstva, rovnako ako symbol potešenia pre Boha po zbere dobrej úrody. Bude postavená v posledných dňoch, pretože je to monumentálna stavba, ktorá odhalí Božiu slávu všetkým ľuďom na celom svete.

Veľsvätyňa s priemerom 600 m (asi 1 970 stôp) a s výškou 70 metrov (230 stôp) je masívna stavba, ktorá bude postavená zo všetkých druhov krásnych, vzácnych a drahých materiálov a v každom kúsku štruktúry a dekorácie bude sláva Nového Jeruzalema, šesťdňového stvorenia sveta a Božia moc. Už len pohľad na veľsvätyňu bude stačiť na to, aby ľudia cítili vznešenosť a slávu Boha. Dokonca aj neveriaci budú ohromení jej vzhľadom a uznajú Jeho slávu.

Napokon, postavenie veľsvätyne je príprava archy, kde nespočetné množstvo duší získa spásu. Keď v posledných dňoch, kedy budú prevládať hriechy a zlo, ako tomu bolo v Noemovej dobe, ľudia vedení Božími deťmi, ktoré On uznal za spravodlivé, vojdú do veľsvätyne a uveria v Neho, môžu získať spasenie. Viac ľudí sa dopočuje posolstvo o Božej sláve a moci, prídu a uvidia na vlastné oči. Keď prídu, budú im o Bohu predložené nespočetné dôkazy. Budú im tiež vysvetlené tajomstvá duchovnej ríše a vôľa Boha, ktorý sa snaží získat pravé deti, ktoré sa podobajú Jeho obrazu.

Veľsvätyňa bude slúžiť ako jadro záverečnej fázy celosvetového šírenia evanjelia pred príchodom nášho Pána. Navyše, Boh v Manmine povedal, že keď nadíde čas výstavby veľsvätyne, On povedie kráľov a bohatých a mocných ľudí, aby pomohli s jej výstavbou.

Od založenia Manminu Boh zjavuje proroctvá o posledných dňoch a Jeho prozreteľnosť pre Manminskú centrálnu cirkev. Dokonca aj dnes pokračuje v prejavovaní stále rastúcej moci a plnení Jeho slova. Počas histórie cirkvi sám Boh viedol Manmin za účelom splnenia Jeho prozreteľnosti. Navyše, až dovtedy, kým sa nevráti Pán, On nás povedie k splneniu všetkých úloh, ktorými nás poveril a celému svetu odhalí Pánovu slávu.

V Jn 14, 11 nám Ježiš hovorí: „Verte mi, že ja som v Otcovi a Otec vo mne. Ak nie pre iné, aspoň pre tie skutky verte!" V Dt 18, 22 vidíme: „toto ti bude znamením: ak sa to, čo predpovie prorok v Pánovom mene, nesplní, to nehovoril Pán, lež prorok rozprával vo svojej pýche, preto pred ním nemaj strach!" Dúfam, že pochopíte Božiu prozreteľnosť prostredníctvom moci a proroctiev prejavovaných a odhaľovaných v Manminskej centrálnej cirkvi.

Plnením Jeho prozreteľnosti v posledných dňoch prostredníctvom Manminskej centrálnej cirkvi Boh nedal tejto cirkvi oživenie a moc za jedinú noc. Zušľachťoval nás viac ako dvadsať rokov. Rovnako ako lezenie po vysokom a strmom vrchu a plachtenie vo vysokých vlnách na rozbúrenom mori, opakovane nás viedol cez skúšky a z ľudí, ktorí prešli týmito skúškami pevnou vierou, pripravil nádoby, ktoré môžu splniť svetovú misiu.

To tiež platí pre každého z vás. Viera, ktorou človek môže vstúpiť do Nového Jeruzalema, nevznikne alebo nenarastie za noc; musíte vždy bdieť a byť pripravení na deň, kedy sa náš Pán vráti. Predovšetkým musíte zničiť všetky múry hriechu a s nemennou a vrúcnou vierou napredovať k nebu. Keď budete napredovať s takýmto nemenným odhodlaním, Boh nepochybne požehná vašu dušu, aby sa jej darilo a odpovie na túžby vášho srdca.

Navyše, Boh vám dá duchovné schopnosti a autoritu, prostredníctvom ktorých môžete byť použití ako Jeho vzácne nádoby pre Jeho prozreteľnosť v posledných dňoch.

V mene nášho Pána Ježiša Krista sa modlím, aby sa každý z vás pevne držal svojej vrúcnej viery, kým sa nevráti Pán a stretneme sa znovu vo večnom nebi a v Novom Jeruzaleme!

Autor
Dr. Jaerock Lee

Dr Jaerock Lee sa narodil v roku 1943 v Muane v Jeonnamskej provincii v Kórejskej republike. V jeho dvadsiatich rokoch sedem rokov trpel mnohými nevyliečiteľnými chorobami a bez nádeje na uzdravenie čakal na smrť. Jedného dňa, na jar v roku 1974, ho sestra vzala do kostola, a keď pokľakol k modlitbe, živý Boh ho ihneď uzdravil zo všetkých chorôb.

Odkedy Dr Lee stretol živého Boha prostredníctvom tejto úžasnej skúsenosti, celým srdcom úprimne miluje Boha. V roku 1978 bol povolaný, aby sa stal Božím služobníkom. Vrúcne sa modlil, aby mohol jasne pochopiť Božiu vôľu, úplne ju splniť a dodržiavať celé Božie slovo. V roku 1982 založil Manminskú centrálnu cirkev v Soule v Kórei. V jeho cirkvi sa uskutočňuje nespočetné množstvo Božích skutkov, vrátane zázračných uzdravení a zázrakov.

V roku 1986 bol Dr Lee vysvätený za pastora na výročnom zhromaždení Ježišovej Sungkyulskej cirkvi v Kórei a o štyri roky neskôr, v roku 1990, začali vysielať jeho kázne v Austrálii, v Rusku, na Filipínach a v mnohých ďalších krajinách prostredníctvom rozhlasových staníc Far East Broadcasting Company, Asia Broadcast Station a Washington Christian Radio System.

O tri roky neskôr, v roku 1993, bola Manminská centrálna cirkev vybraná kresťanským časopisom Christian World (USA) za jednu z „50 najlepších svetových cirkví" a z univerzity Christian Faith College na Floride v USA dostal Dr. Lee čestný doktorát bohoslovia. V roku 1996 na teologickom seminári Kingsway Theological Seminary in Iowa v USA dosiahol PhD. v službe.

Od roku 1993 Dr Lee vedie svetovú evanjelizáciu prostredníctvom mnohých zahraničných výprav do Tanzánie, Argentíny, Baltimore City, Los Angeles, na Hawaj, do New Yorku v USA, Ugandy, Japonska, Pakistanu, Kene, na Filipíny, Honduras, do Indie, Ruska, Nemecka, Peru, Demokratickej republiky Kongo, Izraela a do Estónska.

V roku 2002 bol hlavnými kresťanskými novinami Christian newspapers v Kórei nazvaný „celosvetovým pastorom" kvôli jeho práci na rôznych zámorských výpravách. Zvlášť jeho výprava do New Yorku v roku 2006, ktorá sa konala na námestí Madison Square Garden, najväčšej svetoznámej aréne, bola vysielaná 220 národom, a jeho výprava do Izraela v roku 2009, ktorá sa konala v Medzinárodnom kongresovom centre (ICC) v Jeruzaleme, kedy smelo vyhlásil, že Ježiš Kristus je Mesiáš a Spasiteľ.

Jeho kázne sú vysielané do 176 krajín pomocou satelitov, vrátane GCN TV. V roku 2009 a 2010 bol populárnym ruským kresťanským časopisom In Victory a spravodajskou agentúrou Christian Telegraph zaradený medzi „desiatich najvplyvnejších kresťanských vodcov" pre jeho presvedčujúcu cirkevnú službu prostredníctvom televízneho vysielania a jeho cirkevné pôsobenie v zahraničí.

Od júla 2013 má Manminská centrálna cirkev kongregáciu s viac ako 120 000 členmi. Má 10 000 filiálok po celom svete, vrátane 56 domácich filiálok a viac ako 125 misionárov bolo poslaných do 23 krajín, vrátane Spojených štátov amerických, Ruska, Nemecka, Kanady, Japonska, Číny, Francúzska, Indie, Kene a mnoho ďalších krajín.

K dátumu tohto uverejnenia je Dr. Lee autorom 87 kníh, vrátane bestsellerov Ochutnať večný život pred smrťou, Môj život Moja Viera I & II, Posolstvo kríža, Miera viery, Nebo I & II, Peklo, Prebuď sa, Izrael! a Božia moc. Jeho diela sú preložené do viac ako 75 jazykov.

Jeho kresťanský stĺpec je vydávaný v časopisoch The Hankook Ilbo, The JoongAng Daily, The Chosun Ilbo, The Dong-A Ilbo, The Munhwa Ilbo, The Seoul Shinmun, The Kyunghyang Shinmun, The Korea Economic Daily, The Korea Herald, The Shisa News a The Christian Press.

Dr Lee je v súčasnej dobe vedúcou osobnosťou mnohých misijných organizácií a združení: Pozície, ktoré zastáva sú: predseda spoločnosti The United Holiness Church of Jesus Christ; prezident spoločnosti Manmin World Mission; permanentný prezident spoločnosti The World Christianity Revival Mission Association; zakladateľ & predseda komisie spoločnosti Global Christian Network (GCN); zakladateľ & predseda komisie spoločnosti World Christian Doctors Network (WCDN); a zakladateľ & predseda komisie spoločnosti Manmin International Seminary (MIS).

Iné mocné knihy od tohoto autora

Nebo I & II

Detailný náčrt úžasného života, ktorý si vychutnávajú nebeskí obyvatelia a krásny opis rôznych úrovní nebeských kráľovstiev.

Môj Život, Moja Viera I & II

Najvoňavejšia duchovná aróma získaná zo života, ktorý kvitol neporovnateľnou láskou k Bohu, uprostred temných vĺn, studených okovov a najhlbšieho zúfalstva.

Ako Chutí Večný Život pred Smrťou

Svedecké memoáre Dr. Jaerocka Leeho, ktorý bol znovuzrodený a zachránený od údolia tieňov smrti, a ktorý viedol dokonalý príklad kresťanského života.

Miera Viery

Aký príbytok, koruna a odmeny sú pre vás pripravené v nebi? Táto kniha poskytuje múdrosť a vedenie pre zmeranie vašej viery a pre vypestovanie si najlepšej a najvyzretejšej viery.

Peklo

Úprimné posolstvo celému ľudstvu od Boha, ktorý si nežela, aby čo len jedna duša upadla do hlbín pekla! Objavíte krutú realitu nižšieho záhrobia a pekla tak, ako ešte nikdy nebola odhalená.

www.urimbooks.com

www.ingramcontent.com/pod-product-compliance
Lightning Source LLC
LaVergne TN
LVHW021812060526
838201LV00058B/3345